Marcus Garcia de Almeida

ACHA QUE SOU IDIOTA?

Uma Crônica do Mundo Corporativo

Saiba o quanto pode ser complexo conviver nas empresas com pessoas que pensam que você é...

Ideário

Editor: Marcus Garcia de Almeida

Editoração eletrônica, capa e projeto gráfico: IDEÁRIO

Ilustrações: IDEÁRIO

Revisão e tradução ao inglês:

Marcus Garcia de Almeida Júnior e Rodrigo Prata Garcia.

Profissionais.com Ltda.

Rua XV de novembro, 964 – 3º andar – Conjunto 30 – Centro

80060-000 – Curitiba-PR

Fone: (41) 4042-5112

Copyright (c) 2020 por Profissionais.com Ltda.

Site oficial da editora: idearios.com.br

Site oficial do autor: marcusgarcia.com.br

Dados Internacionais de Catalogação na Publicação (CIP)
(Câmara Brasileira do Livro, SP, Brasil)

```
Almeida, Marcus Garcia de
   Acha que sou idiota? : uma crônica do mundo
corporativo / Marcus Garcia de Almeida. -- 1. ed. --
Curitiba : Editora Ideário, 2020.

   ISBN 978-65-991021-1-0

   1. Administração de empresas 2. Cultura
organizacional 3. Governança corporativa
4. Inovações 5. Relações humanas I. Título.

20-39448                                      CDD-658.4
```

Índices para catálogo sistemático:

1. Governança corporativa : Administração de
      empresas   658.4

Maria Alice Ferreira - Bibliotecária - CRB-8/7964

Ideário

Descubra como...

... entender que a segurança que precisamos sentir no ambiente de trabalho deve ir além da garantia do salário, condições adequadas de atuação e reconhecimento.

... não confundir ousadia com iniciativa para que suas ações sejam adequadas aos desafios do dia a dia do trabalho.

... as relações com sua chefia podem ser muito produtivas se os motivadores que impulsionam cada um forem compreendidos.

... a alegria de trabalhar fazendo aquilo que gosta e acredita pode não ser suficiente para ser feliz.

... as engrenagens em uma organização empresarial podem facilmente consumir as melhores iniciativas que forem apresentadas por você.

... a ajuda da qual você precisa para fazer o seu melhor pode estar muito mais próxima do que imaginava.

... simplicidade e singeleza do pensamento podem ser as melhores respostas às maiores dificuldades.

... identificar pistas tanto de quem está ao seu lado como quem está querendo puxar seu tapete.

... descobrir a si mesmo.

Sumário

Agradecimentos

Para este trabalho contei com o apoio de minha família, que é base incondicional de tudo que faço.

Contei com o suporte de amigos e amigas que discutiram e aprofundaram comigo a análise sobre os temas abordados aqui. Em especial ao Marcelo, que discutiu incansavelmente comigo desde o esboço da obra até os conceitos mais áridos para torná-los palatáveis a todos.

Tive ainda a maravilhosa equipe a Editora Ideário, me ladeando durante a jornada criativa em todos os momentos, jamais me deixando esmorecer.

Aos tradutores da obra para o idioma inglês, Marcus Garcia de almeida Júnior e Rodrigo Prata, meus filhos, que foram incansáveis na jornada intensa envolvendo o desafio de tornar esta, uma obra de alcance internacional.

Dedicatória

Para Vera.

A todos(as) os(as) trabalhadores(as) que se desdobram dia após dia para entregar o seu melhor no exercício das profissões que desempenham, apesar de todas as agruras que enfrentam.

A todos(as) os(as) empreendedores(as) que por acreditarem em sua ideia resolveram correr os riscos inerentes a ter seu próprio negócio e dessa forma poder tomar as decisões que ele requer e colher os frutos decorrentes disso, sejam quais forem.

A todos(as) os(as) executivos(as) profissionais, atuantes em organizações de todos os tipos e portes que enfrentam corajosamente o peso de tomar as decisões necessárias à manutenção das estratégias às quais estão sujeitos.

A todos(as) os(as) trabalhadores(as) em organizações de todos os tipos e portes que executam suas funções e desempenham suas responsabilidades, acreditando na sua capacidade de conquistar e realizar seus sonhos.

Ao meu pai, Lauro (*in memoriam*) e à minha mãe, Eunice, que foram empreendedores durante toda a vida, sempre acreditando em seu potencial e nunca desistindo de seus sonhos.

PREFÁCIO

Hoje há um certo consenso que as empresas têm a necessidade de inovar, pois elas não conseguirão se manter nos seus mercados se não desenvolverem a capacidade criativa levando novas soluções e serviços para os clientes e diferenciando-se em busca de liderar os seus setores.

A questão é que mudanças repentinas, uma vez que a inovação traz a possibilidade de reduzir custos e gerar diferenciais simultaneamente, pressiona os executivos a rapidamente mudar a sua forma de pensar e buscar o melhor entendimento desse novo mundo repleto de invenções e inovações que geram modificações repentinas no mercado.

É a necessidade de reagir rápido, pois não há tempo nem espaço para ensaiar uma defesa uma vez que a descontinuidade e o próprio fenômeno da inovação disruptiva tornam os mercados obsoletos da noite para o dia.

Então o que vemos é uma forte pressão para que as pessoas estejam preparadas para todas as implicações desse universo da inovação, que envolve trabalhar apesar das incertezas, da necessidade de desenvolver a criatividade genuína e não programada e em principalmente tolerar falhas, equívocos e erros de projetos. São desvios variados que ocorrem e forçam para a necessidade de trabalhar sobre a especulação de futuros emergentes.

O mapa da mina para quem trabalha com a inovação passou a ser a busca do Santo Graal que é o *insight* criativo, tendo a ideia certa e a oportunidade de identificar junto ao próprio cliente o que ele deseja e espera. Não basta mais utilizar metodologias de gestão de projeto para uma perfeita implementação de ideias (menor custo, maior qualidade e menor risco) para assim chegar à frente dos concorrentes.

O mundo do cliente exige mudanças tecnológicas. Será que uma vez que se tenha a capacidade de ter o eureca, bastaria colocar tudo em torno de um novo sistema e teríamos então um novo processo e uma solução mágica? Não é assim que acontece, sabemos que não é simples!

Um dos mantras mais ouvidos nas muitas competições de startups e nos hackatons é "...ter uma ideia é fácil, difícil é executá-la...", ou seja, a inovação pode se transformar em mais um jogo de aparências do que efetivamente lançar mão de potências genuínas relacionadas à capacidade de originar novas realidades mais vibrantes e mais interessantes.

Mas no fim das contas a sensação que se tem, e falando muito francamente, é a de que a inovação é mais uma rotina organizacional, mais uma reunião dentre as inúmeras reuniões que temos que fazer. É mais uma pauta pela qual nós devemos buscar algum tipo de representação social junto aos demais. A diferença agora é que temos verbas para Post-it®, canetas coloridas e quadros em branco ou de vidro para pincelar; mas esse futuro, que lá no fundo sentimos que nunca vai chegar, traduz-se no temor de que mais uma rotina organizacional seja banalizada como tantas outras, fazendo que as pessoas deixem de se entregar completamente aos movimentos criativos que poderiam se dar de forma bastante genuína. Tudo passa a girar em torno da discussão de métodos e processos mais uma vez e não sobre a questão da dimensão humana. Busca-se o *insight*, busca-se a ideia, busca-se estimular a criatividade, mas ninguém quer viver sua própria realidade criativa...

Se há todo esse esforço artificial sendo necessário é porque se está lutando contra algo. Então cabe a pergunta: o que nos aprisiona tanto?

O *insight* criativo acontece de forma súbita e inesperada, dizem os criativos. Parte do indivíduo para o mundo e a ele se circunscreve entre o mundo real material e o mundo abstrato. Como acontece de forma súbita e inesperada é, de forma linda, totalmente imprevisível.

Marcelo Alessandro Fernandes

CAPÍTULO 1

QUEBRAR A ROTINA?

Você já percebeu que dentro das empresas ocorrem determinadas situações que são flagrantes, mas os gestores dos mais variados níveis fazem de conta que está tudo normal? Por exemplo, um colega seu com bem menos tempo de casa do que você é promovido e você continua na mesma. Tudo normal? Seu chefe contrata uma pessoa bem mais nova que você para um cargo igual ao seu, mas ganhando muito menos do que você e o chefe te deixa responsável por treinar o novo colega, pois você é bastante experiente. Tudo normal? Você recebe um convite para assumir o desafio de um novo projeto muito complexo por causa de sua vasta experiência, mas seu salário não muda. Tudo normal? Um colega do mesmo setor seu, amigão do chefe, consegue tirar férias quando pede, mas suas férias são apenas quando seu chefe acha melhor. Tudo normal? Você solicita ao seu chefe que a empresa custeie pelo menos metade de um curso de aperfeiçoamento porque você vai assumir aquele projeto importantíssimo, mas é informado que não será possível por causa da redução de custos. De repente a empresa resolve renovar o mobiliário das salas de reunião e gasta a maior grana. Tudo normal? Você pede para trocar de turno por duas semanas para resolver uma questão particular, mas não é possível pela redução de pessoal. Na semana seguinte sua colega de setor tem o turno trocado para cuidar de alguns assuntos particulares. Tudo normal? No retorno de uma viagem que você fez pela empresa, o seu voo atrasa três horas e meia e como a empresa aérea só dá voucher de refeição em atrasos superiores a quatro horas você tem que jantar no aeroporto e isso não saiu barato. No acerto de contas de sua viagem a empresa devolve a nota de reembolso de despesas do seu jantar no aeroporto porque aquela despesa não estava prevista e você não será reembolsado. Tudo normal? Sua empresa oferece um jantar a um grande cliente para selar uma importante transação comercial. Mesmo tendo sido o responsável por toda a condução operacional da negociação, ter realizado todo o contato com o cliente e cuidado de todos os detalhes diretamente com o cliente, você não é convidado, mas o seu Gerente, o Gerente de Produtos, o Gerente de Contas e os especialistas, que mal interagiram diretamente com o cliente são convidados. Tudo normal? Seu Gerente faz as escalas para viagem de visitas técnicas aos clientes, mas sua rota é sempre a que está pelo interior em pequenas cidades, com acesso de ônibus e hospedagem em hotéis simples. Os clientes que estão nas capitais e principais cidades, com acesso aéreo e hospedagem em excelentes hotéis nunca vem para você. Tudo normal? Os computadores portáteis para uso dos funcionários estão sendo renovados, mas um computador novo nunca vem para você, apenas algum que é remanejado dos demais funcionários. Tudo normal?

É... tudo normal! Acha que sou idiota?

Uma das coisas que podem ser muito odiosas[1] no dia a dia do trabalho são os eventos e situações sem sentido prático que se repetem, ou seja, estão ali apenas para satisfazer uma regra ou, como se diz, para "cumprir tabela". Pior ainda são as pessoas que se repetem, parece que lhes falta imaginação. Há também os carreiristas[2] que buscam alguma forma de obter vantagem para subir na hierarquia organizacional, ainda que prejudicando alguém. E as pessoas aproveitadoras e folgadas[3]? Estão sempre arquitetando alguma forma de trabalhar menos em detrimento do esforço ou do mérito de outras pessoas. Não posso esquecer algumas chefias que parecem existir apenas para fazer da vida de seus funcionários um verdadeiro inferno. Ah, e os fofoqueiros[4] de plantão? Ficam criando intrigas só para passar o tempo ou para tirar alguma vantagem... bom, há empresas onde esta lista pode ser bastante longa!

Para exemplificar com mais cuidado e tendo por base alguns fatos, vou descrever como essa emaranhada trama de interesses pode ser visceral[5] e ao mesmo tempo vir completamente envolta e disfarçada em intenções e desejos legítimos. Essa fantasia é invariavelmente muito íntima, e pode exigir uma capacidade superior de percepção das situações do dia a dia organizacional que vão muito além dos livros de autoajuda ou dos teóricos de plantão.

Tudo começou na bela segunda-feira de 16 de dezembro de 2019, logo bem cedo, na qual Leonardo estava bastante empolgado!

Enquanto dirigia sua SUV[6] a caminho do trabalho, ele sentia o coração palpitar pela sua emoção exacerbada. Estava animado, mas também um pouco preocupado, pois havia uma ansiedade latente[7] que transparecia em seu rosto. Ele sentia. O último fim de semana que passou em casa cuidando de seu hobby havia servido para acabar de munir sua coragem com o que faltava e finalmente pudesse fazer aquilo em que estava pensando havia semanas.

Mesmo estando atento ao trânsito intenso da metrópole, o movimento não era suficiente para fazê-lo parar de pensar na transformação que estava prestes a promover no dia a dia de seus colegas assim que ele colocasse em prática sua ideia.

Ele sentia suas mãos suadas denunciando um pouco de nervosismo. Sabia que precisava de concentração e calma e tentava amenizar as sensações ouvindo sua rádio favorita.

"Sei que vou fazer uma loucura, mas estou decidido!", pensava ele numa clara tentativa de afirmar para si o quanto suas reflexões sobre a sequência de ações que estava prestes a protagonizar trariam de impacto para toda a empresa.

"Vou fazer! Estou certo disso! Preciso dar um choque de realidade no pessoal. Ou eu transformo o jeito como as coisas estão acontecendo lá na empresa ou jogo a toalha[8]. Não dá mais. Já estou de saco cheio[9] de ficar vendo os projetos serem conduzidos daquele jeito. Já tem algum tempo que tudo começou a ser feito como se fosse uma receita de bolo. Mudam alguns dos ingredientes, mas a base permanece inalterada.", pensava Leonardo ao volante usando suas metáforas mentais. Aliás, usar metáforas é um de seus expedientes para explicar para o próprio subconsciente o que ele está verdadeiramente pensando.

"Projetos não podem ser encarados como receitas de bolo e os conhecimentos de minha equipe não são ingredientes!", ponderava ele em sua mente com outra metáfora.

Leonardo tem o espírito inventivo[10] e muito desejo de transformar. Ele é um jovem executivo de 37 anos, solteiro, muito determinado e bem-sucedido em sua carreira, iniciada na mesma empresa em que atua agora.

Há quinze anos ele entrou no programa de trainee da empresa, no mesmo ano em que se formou em sua primeira graduação na área de Marketing e

Propaganda. Já naquela época, final dos anos 1990, logo que iniciou seu curso de graduação, então com 18 anos, ele tinha a clara consciência de que a atuação de um profissional de marketing numa empresa deveria ir muito além daquele estereótipo preconizado do profissional que usava roupas extravagantes, psicodélicas e multicoloridas, e que precisava vender uma imagem de pessoa "descolada" que "pensava fora da caixa" com capacidade de trazer sempre o inusitado e dessa forma ajudar a alavancar o negócio de uma companhia através de estratégias de marketing mirabolantes e invariavelmente multimilionárias.

Todos riram dele e diziam que estava por fora, que o futuro seria potencializar cada vez mais aquele formato de atuação e que as empresas sempre iriam continuar demandando aquele perfil de profissional. Estavam errados, Leonardo estava certo!

Algo que sempre incomodou Leonardo era o fato de a empresa onde trabalha ser muito conservadora. Ele tem travado muitas batalhas para defender suas ideias. Nunca foi o estilo dele querer mudar as coisas apenas por mudar. Só para quebrar a rotina[11]. Para ele é preciso que uma mudança seja para melhorar e evoluir, preferencialmente rompendo com os conceitos até então vigentes. Afinal foi assim com Uber, Airbnb, WhatsApp, Facebook, Space X, Ant Financial, Infor, Netflix e tantas outras que simplesmente romperam com o jeito antigo e trouxeram um jeito aprimorado e disruptivo de fazer algo que era conhecido.

Ele não estava nada feliz em ver ele próprio e seus colegas como peças de um grande arranjo de engrenagens altamente eficientes e eficazes[12]. A capacidade de produzir algo realmente novo, que pudesse trazer um novo ânimo para eles próprios, para a empresa como um todo e claro, para os clientes, precisava ser restaurada. Mas para fazer girar essa grande lógica dentro do seu próprio microverso corporativo ele precisa começar com o motor de tudo aquilo: as pessoas.

Ele acredita que o trabalho, os produtos, os serviços e tudo pelo que uma equipe se dedica em uma empresa pode e deve evoluir, pois ele sempre pensou que "...faz parte da natureza humana[13] evoluir e se redescobrir...", e não entendia que evoluir devesse ser diferente com as próprias pessoas e suas formas de atuação enquanto profissionais.

"Não dá para ficar estagnado[14]!", gritava Leonardo em sua mente inquieta. "Precisamos acordar para as possibilidades!", estremecia ele em seus pensamentos.

E havia mais um desafio que ele precisava superar. Leonardo via sua Diretora, Tereza, com um comportamento incoerente. Ao mesmo tempo que ela manifestava alegria por alguns resultados alcançados pela empresa como um todo, ela falava repetidamente que a empresa sempre estava no limite financeiro e que havia desafios para manter a execução do plano orçamentário.

"Senhores, a situação requer mais austeridade! Precisamos maximizar o uso dos nossos recursos, todos eles. Precisamos reduzir os custos, todos eles. Precisamos melhorar a eficácia e a eficiência operacional em todos os setores. Vamos fazer o ciclo da melhoria contínua[15] funcionar.", lembrava ele dos brados da sua Diretora, que soavam como um mantra em todas as reuniões com as gerências.

Algo que também incomodava Leonardo era o fato dessa incoerência manifesta de Tereza, criar um clima que algumas vezes se mostrava hostil. Ela cobrava exageradamente os gerentes, como se eles fossem os únicos responsáveis para dar todas as respostas que a empresa precisava para melhorar. Ao conduzir sempre de forma hostil, acabava gerando situações constrangedoras nas reuniões. Uma tensão ruim, totalmente desnecessária.

"O que precisamos é gerar uma tensão boa, ou seja, aquela que faça as pessoas se superarem por entenderem que é possível fazer diferente, mas também com mais prazer, obtendo resultados maiores para todos. Não é um mero ajuste de processos[16], como se estivesse calibrando, lubrificando e dando manutenção preventiva em uma máquina para produzir mais e melhor.", refletia Leonardo, amargurado com essas questões essencialmente utilitaristas preconizadas pela Diretora[17]. Ele percebia que havia uma tendência sobre o que era considerado moralmente correto. Para a Diretora, bastava que as decisões e ações produzissem o maior saldo positivo de prazer ou bem-estar para todos os afetados pela ação, porém de forma ególatra[18], sem considerar as interrelações permeando todos os envolvidos, ou seja, funcionários, clientes, fornecedores, sociedade, acionistas... Leonardo entendia que não bastaria cada um individualmente estar bem, se o conjunto não estivesse.

A intenção dele ao chegar na empresa naquela segunda-feira era "...colocar em prática um monte de ideias meio malucas!", que é como ele mesmo as considerava. Na verdade, era muito mais como ele entendia que as pessoas veriam sua ideia, pois ela era não apenas inusitada, mas desafiadora.

Ele estava mesmo com a cabeça a mil e muita vontade de mudar aquela rotina e transformar a mentalidade das pessoas. Ele sabia também que talvez não transformasse de verdade algumas formas de pensar, pelo menos não no primeiro momento, mas tinha certeza que mostraria uma nova perspectiva. Seria um movimento que por si só já permitiria seus colegas enxergarem que há mais caminhos, além de dar a oportunidade para eles se perceberem e assim se abrirem para uma transformação interna, daquelas efetivamente verdadeiras e consistentes.

"Eu acredito que todas as pessoas podem se descobrir mais verdadeiramente e fazer uma nova interpretação de sua própria atuação profissional. Só assim se atinge a verdadeira felicidade!", este era o entendimento de Leonardo sobre o que um profissional deveria ter em seu íntimo.

"A descoberta de si mesmo! É isto que quero que meus colegas encontrem! Que podem ser felizes no trabalho, independentemente das questões de salário, clima organizacional ou satisfação pessoal... serão felizes simplesmente porque ajudarão pessoas com o trabalho que fazem...", entendia Leonardo em relação ao tema.

"Eu entendo que salário, clima organizacional e satisfação pessoal são sim muito importantes, mas são questões básicas demais para serem tomadas como determinantes da felicidade de um profissional, até porque antes de sermos profissionais, todos somos pessoas.", considerava Leonardo em sua mente.

"A verdadeira felicidade deve estar muito além dessas questões utilitaristas.", refletia Leonardo, com enorme angústia em seu peito.

A forma como Leonardo sempre pensou os problemas que chegam até sua mente inquieta é um pouco incomum. Ele tem a tendência a ver e analisar as situações de forma holística[19]. O que pela visão da maioria das pessoas pode ser bastante complicado, para ele não passa de um conjunto de elementos que se relacionam, se interconectam, se equalizam, se transformam e dessa forma se resolvem. Talvez por conseguir olhar mais adiante do que a grande maioria.

Especialmente nesta segunda-feira, certamente a mente dele não estava assim um exemplo de preocupação se as coisas que havia pensado em fazer iriam causar um efeito de estranhamento, surpresa, repulsa, insegurança, medo ou negação aos seus colegas. O que ele tinha certeza é que seria um choque à forma de olhar o trabalho o que certamente refletiria na empresa como um todo.

O que ele pensava ainda, era como aquilo tudo que ele pensara poderia deixá-lo e aos seus colegas também, mais felizes fazendo com que todos conseguissem olhar para muito além da tradicional receita de bolo, que é como Leonardo definia a forma de operar e entregar o valor da empresa à qual ele já dedicou quinze anos de seu trabalho.

"É verdade! Ainda não tenho cem por cento de certeza se o que estou prestes a fazer será bem aceito.

Apenas sei que preciso fazer. A rotina do trabalho está me consumindo e me tornando improdutivo. Estou bem perto de entrar na sala da minha Diretora, Tereza, e chutar o balde[20].", lembrava ele com semblante cálido.

"Eu gosto do meu trabalho, mas a rotina está excruciante demais. Sinto como se eu fosse um autômato controlado remotamente e às vezes mesmo como aquele bonecão de posto de combustível e borracharias de beira de estrada que fica remexendo os braços e o corpo ao sabor do vento insuflado abaixo dele e que varia os movimentos em função do próprio vento que o faz balançar para lá e para cá sob o capricho das rajadas ou das calmarias.", raciocinava Leonardo em suas metáforas.

Ele ficava muito mal por não ter conseguido até o momento mudar as coisas, apesar das muitas tentativas e das várias estratégias que usou. Essa frustração era um sentimento muito mais profundo dele, lhe gerava uma grande angústia, mas não era suficiente para fazê-lo desistir, ao contrário, o impulsionava mais.

Na visão de Leonardo, a Diretora dele é uma profissional que tem um tipo de coerência e um comportamento que orbitam entre o resistente demais para quem está numa posição executiva movida a permanentes desafios por mudanças requeridas no século XXI e por outro lado quer demonstrar uma visão startupeira[21] meio falsa e que não convence, chegando a beirar o ridículo em algumas situações.

Ele a acha resistente no sentido de que não faz uso de algumas tecnologias básicas para apoiar o incremento da produtividade pessoal, por exemplo, só utiliza anotações em agenda de papel; faz questão de manter reuniões com a presença no local das pessoas, mesmo havendo estrutura de teleconferência e sistemas de vídeo disponíveis. Apresenta também dificuldade em ser objetiva para algumas pautas fazendo as reuniões demorarem muito mais do que o necessário para tratar de assuntos que são simples. E claro, vive reclamando o tempo todo, colocando o ânimo e a moral das pessoas para baixo, deixando-as preocupadas e até inseguras.

Por outro lado, ele a considera uma falsa startupeira, porque ela tomou a decisão de incluir no mobiliário e na decoração da empresa alguns elementos que não combinam com a estrutura e funcionamento vigentes. Leonardo entende que mudanças nesse aspecto podem ser promovidas, mas o fato é que aqueles foram atos totalmente soltos, sem referência, sem contexto, sem objetivo, ou seja, totalmente vazios. Ela mandou colocar uma mesa de bilhar bem no meio da sala de reuniões. Fez com que dessem um jeito de colocar duas mesas de ping pong no saguão do café e, o mais inusitado, fez instalarem uma enorme jacuzzi para oito pessoas no salão de confraternização. Só faltou mesmo colocar um muro de escalada na entrada do prédio e um bungee jump no topo do edifício.

"Foram decisões certamente movidas por empolgação. Resultado das viagens que fez para algumas feiras de startups dos Estados Unidos no começo de 2019.", pensava Leonardo.

Aliás, foi um dos motivos que levaram o Leonardo a pensar em sua própria ideia e perguntar-se: "...para quem mandou fazer tais mudanças e com tanta empolgação em promover algum choque na cultura organizacional, minha ideia será maravilhosa, então, por que não?".

Entre suas ideias para melhorar o clima e a rotina no trabalho, Leonardo pensava em aproveitar um pouco de sua energia e vontade para fazer com que seus colegas se sentissem alegres e descontraídos, deixando as coisas mais leves e divertidas. Pelo menos pelo conceito dele de diversão e leveza.

Quando Leonardo entrou no estacionamento da empresa com os bancos rebatidos e o porta-malas de sua SUV meio aberto e com aquela caixa de papelão gigante atrás amarrada e presa pelo cinto de segurança, já foi chamando a atenção.

— Oi, Leonardo. Bom dia! Já vai aprontar de novo, chefe? — perguntou uma colega.

— E aí? Está precisando de uma ajudinha? — perguntou outra.

— Lá vem você de novo com mais uma de suas maluquices, hein Leonardo! — disse uma colega, também gerente em outro setor.

— Oba! Vai ter novidade hoje, Leonardo? É alguma decoração natalina? — perguntou o amigo, já comemorando.

É isso mesmo que você pensou! Leonardo já havia feito algumas tentativas outras vezes de gerar mudança e melhorar o nível da felicidade dos colegas na empresa, só que de maneiras mais discretas e que não envolviam coisas inusitadas e desconhecidas em caixas de papelão tamanho família amarradas no porta-malas.

Foi por causa dessas maluquices ou invencionices, que é como alguns colegas chamam as iniciativas de inovação apresentadas por ele, que a empresa conseguiu aumentar a eficiência operacional em mais de dez por cento nos últimos dois anos, reduzir os índices de perdas em algumas linhas de produção para menos de um por cento e criar diferenciais de serviço que geraram aumento da fidelização de clientes em mais de vinte por cento.

Números que jamais teriam sido atingidos se as coisas não tivessem mudado.

Sim, são ótimos indicadores, porém eles não têm sido visto por Tereza dessa forma, ou seja, ela acha que estas conquistas foram mérito da própria estrutura organizacional da empresa, de seus processos perfeitamente alinhados, de seu controle de qualidade impecável e de suas equipes altamente engajadas e qualificadas que desfrutam de um clima organizacional incrivelmente positivo.

Claro que as equipes foram determinantes para as conquistas, mas antes disso houve a iniciativa do Leonardo em propor a transformação, ainda que inicialmente de maneira controversa para algumas práticas e formas de fazer as coisas e que desencadearam ótimos indicadores de performance e tudo mais.

— Bom dia, Leonardo! O que tem aí na caixa? Parece pesada! — perguntou com certa curiosidade Lucy.

A assistente dele, que tem sua mesa ao lado da janela notou a movimentação no pátio do estacionamento em torno da SUV do Leonardo e desceu até o estacionamento para auxiliar no que fosse possível. Lucy é bastante proativa.

— Fique tranquila, Lucy. A caixa é mais volumosa do que pesada! — respondeu ele, agradecido pela disposição dela em ajudar.

Lucy, a assistente pessoal de Leonardo é uma pessoa maravilhosa e uma profissional muito competente. Ele a contratou há cerca de dois anos. Inicialmente a intenção dele era ter uma secretária dedicada. Ao longo dos meses iniciais, porém, Lucy demonstrou uma capacidade diferenciada para manter isenção sobre praticamente tudo no trabalho e ainda conseguiu ser agnóstica[22] às questões e dificuldades interpessoais. Características pessoais determinantes para que ele decidisse tê-la mais próxima, numa função mais complexa, como sua assistente pessoal. Depois ele autorizou que ela mesma contratasse uma secretária para cuidar da agenda e demais questões administrativas e operacionais.

— Quer que eu veja se a agenda da sua Diretora agora de manhã está disponível? Você já falou com ela sobre o que está trazendo hoje? Como você não me pediu nada, não reservei nenhum horário.

Ela se preocupa em não deixar Leonardo se expor. Ele tem trazido novidades sem comunicar Tereza previamente. Sempre que isto acontece, ele fica às vezes eufórico, quando as ideias são bem recebidas, mas fica insuportavelmente mal-humorado quando recebe uma negativa.

Sim, você acertou de novo! Leonardo já havia tomado algumas ações antes à revelia da Diretora dele o que gerou algum estresse, muito mais nela do que nele, pois Leonardo é intempestivo[23] e apesar de não se abater facilmente, altera seu humor demais.

— Não precisa, Lucy. Vou direto lá falar com ela e dou meu jeito. Mesmo assim, obrigado pela sua preocupação e interesse em me apoiar. — disse Leonardo, agradecido.

Lucy ficou observando a movimentação por ali. Leonardo organizou a retirada da caixa, soltando as amarras e coordenando a ajuda que recebia de mais dois colegas para transportar a caixa para cima, no oitavo andar, onde funciona o setor de Marketing e Produtos do qual é o Gerente.

— Quer que eu leve algo para você? Afinal, já que desci até aqui, deixa eu ajudar! — disse Lucy, sendo solícita.

Ele olhou para ela e pensou por alguns segundos o que não poderia esquecer de levar para cima e lembrou da caixinha no banco da frente. "Importante demais!", lembrou ele.

— Certo! Por favor, Lucy, pegue aquela pequena caixa que deixei ali no banco dianteiro e traga! — pediu Leonardo, com tranquilidade.

Havia já um razoável contingente de pessoas em torno da SUV do Leonardo, cerca de umas 30 pessoas, e outras iam se juntando ali rapidamente.

— Atenção gente! Sosseguem! Logo vocês descobrirão do que se trata. Por hora tudo que posso dizer é que vamos chamar muito a atenção da empresa toda. Agora, por favor, vamos entrando para o escritório! — falou Leonardo, demonstrando convicção em sua iniciativa.

As pessoas que se aglomeravam ali se dispersaram e foram se dirigindo para seus escritórios. Ficaram com ele, Lucy e mais dois colegas que ajudariam no transporte da caixa que, como ele disse, era volumosa, mas muito leve, não pesava mais do que oito quilos, mas precisava de pelo menos três pessoas para transportá-la com segurança.

A empresa onde Leonardo trabalha está instalada em um edifício próprio num bairro onde concentram-se importantes companhias nacionais e multinacionais. A sede é nova e muito bem cuidada. Características reveladas nos detalhes. Já no saguão, o acesso ao ambiente do prédio é muito organizado e de extremo bom gosto e beleza. Tudo fora pensado para transmitir uma sensação de equilíbrio e sobriedade, mas ao mesmo tempo conseguindo manter um estilo contemporâneo. Uns poucos enfeites assimétricos com curvas moderadas e cores neutras ocupam o balcão aparador próximo à área de espera. Minimalista em alguns detalhes, como na decoração e ornamentos, mas ostentosa[24] em outros, como a logomarca da empresa forjada em aço escovado apoiado num pedestal de mármore branco. Uma primeira vista que impressiona!

O aroma de limpeza é fragrante e cria uma sensação de paz e tranquilidade que paira no ar. As cores são sóbrias, bem equilibradas e a iluminação natural que entra pela enorme fachada envidraçada, cujo pé direito no saguão chega aos cinco metros de altura, destaca os discretos ornamentos. E tudo está permanentemente envolto numa suave fragrância que lembra algo entre rosas e lavanda. Uma delícia, capaz de fazer quem chega ali sentir tranquilidade e ficar à vontade.

A recepcionista do turno é simpática, muito atenciosa e recebe Leonardo e seus ajudantes com um largo sorriso no rosto e um sonoro e agradável bom dia! Leonardo gosta muito dela, profissionalmente falando. Na opinião dele é a melhor dentre as três recepcionistas. A mais autêntica. "Um amor!", ele comenta sempre ao referir-se a ela.

Leonardo seguiu com seus ajudantes para o elevador de serviço. A caixa exigia o elevador maior. Por ali ele chegaria ao setor dele com tranquilidade e discrição, sem o risco de causar transtornos no elevador social. Apenas Leonardo e a caixa seguiram pelo elevador de serviço, pois não caberiam os seus ajudantes, que seguiram pelo elevador social.

— Oitavo andar! — anuncia a suave voz digital.

Os colegas que já estavam por lá ajudaram Leonardo a retirar a caixa e colocar no meio do espaço próximo à sala do Leonardo. Os demais colegas não poupavam comentários e um burburinho rapidamente se instalou por ali. A curiosidade das pessoas já estava estimulada. Sem se preocupar muito, Leonardo cumprimentou todo mundo com seu tradicional "bom dia, bom dia, bom dia", deixou a enorme caixa lá e tomou o elevador social indo direto para o andar da Diretoria.

O prédio da empresa é todo automatizado e enquadra-se na nova geração de edifícios inteligentes e sustentáveis. Fachadas envidraçadas especiais que deixam passar luz, mas bloqueiam o calor; torneiras inteligentes nos lavatórios e banheiros; aproveitamento de água da chuva nos sanitários; elevadores com sistema de regeneração elétrica; sistema de ar condicionado com controle individual e automatizado de temperatura; controle de acesso por biometria nas áreas designadas como sensíveis à segurança; sanitários com sistema de descarga duplo para resíduos líquidos e sólidos; diversos avanços na segurança de acesso; incremento da segurança predial física e lógica; avançado sistema de detecção, prevenção e combate a focos de fumaça e incêndio; aproveitamento da energia solar em toda a estrutura do prédio e muito mais.

Leonardo foi o grande impulsionador para que a empresa se mudasse para o novo edifício, sede própria, num investimento no qual ele conseguiu demonstrar que seria gerada uma economia após cinco anos e que retornaria integralmente os investimentos necessários para a mudança da sede da empresa em dez anos e passaria a gerar uma economia de no mínimo vinte e dois por cento ao ano, nos anos seguintes. Além disso, a vista panorâmica do bairro e da cidade é maravilhosa.

O sol já seguia alto perto das 09h30.

— Vigésimo andar! — anuncia a mesma voz suave no elevador.

Leonardo tinha consciência de que deveria ter falado antes com Tereza sobre sua ideia e só agido depois, porém a empolgação tomou conta de sua mente no final de semana, quando ele teve a certeza de que estava em direção da decisão certa em sua iniciativa. Não que, em se tratando do Leonardo, possamos chamar isto de novidade!

"O Leonardo é mesmo muito seguro de si e de sua capacidade. Nunca vi um gerente fazer o que ele faz, da forma que faz e ser sempre muito respeitado e assertivo!", pensava Lucy que observava um Leonardo visivelmente preocupado naquela manhã.

"Então, estou aqui... sem medo de ser feliz; vamos lá!", pensou Leonardo, tentando amenizar um pouco de sua insegurança num gesto mental de autoafirmação!

Tereza nunca negou a Leonardo um atendimento, mesmo sem hora marcada. Sempre que ele a procurava havia uma boa razão para isso, pelo menos pela perspectiva dele do que pode fazer uma razão ser considerada boa no nível de uma Diretora Geral e que tem sob seus ombros a responsabilidade de manter o equilíbrio e a saúde financeira, os investimentos em desenvolvimento de produtos e a performance empresarial como um todo.

O problema é que o fato dele nunca ter recebido uma negativa de atendimento nesse contexto, o fazia pensar ter os critérios mais coerentes e com total sentido para sua Diretora. Pensamento que o deixava descuidado e exposto com os protocolos da hierarquia organizacional[25]. Não é incomum, por exemplo, ele aparecer no meio de uma reunião do Conselho e trazer questões que deveriam ser tratadas com sua Diretora. Mas é assim que ele tem obtido sucesso em suas iniciativas na empresa.

— Senhorita Stella! Bom dia! Por favor, pode me anunciar para Tereza? Preciso de cinco minutinhos com ela! — falou Leonardo com a assessora da

Diretora, uma pessoa madura e muito respeitada em toda a empresa.

Pela avaliação do Leonardo a senhorita Stella é uma pessoa incrível. Tem uma cultura super diferenciada. Ama a leitura dos clássicos da literatura e está sempre muito atualizada com tudo que acontece: notícias gerais, as inerentes aos negócios e ao mercado financeiro. Totalmente antenada também no que circula pelas redes sociais em geral, com especial atenção no âmbito dos funcionários da empresa que atuam no nível tático estratégico[26].

A senhorita Stella trabalha junto com a Tereza há quase vinte anos. Possui ampla e sólida formação acadêmica. Tem conhecimentos não apenas do âmbito geral, mas dos negócios da empresa. Está sempre preocupada em estudar, se aprimorar e ler. Ela poderia ocupar qualquer cargo na empresa, mas o seu desejo mesmo, sempre foi estar junto da Diretora, apoiando, ajudando nas discussões e questionamentos executivos que surgem. O papel dela é de Assessora Executiva e está sempre presente nos processos de tomada de decisão. Tereza confia totalmente na melhor isenção de julgamento da senhorita Stella para subsidiar suas tomadas de decisão.

— Oi, Leonardo! Sim, claro! Só um minuto, por favor... ela vai te atender em alguns minutos! — disse a senhorita Stella, sempre muito cordial e gentil.

— Leonardo, aproveitando o tempo enquanto a Tereza não te atende! O que você está trazendo de novidade agora? Algo que eu deva me preocupar como Assessora Executiva? — perguntou senhorita Stella, sabendo que Leonardo costuma trazer surpresas meio aleatórias e inusitadas com potencial para causar transtornos, incômodos ou ambos.

— Não, senhorita Stella. Tá tudo certo! Não precisa se preocupar com nada. Estou apenas trazendo um elemento novo para estimular a criatividade do pessoal. Vai ser muito legal... — respondeu Leonardo, não conseguindo convencer muito bem a astuta senhorita Stella.

— Mas você parece meio agitado, Leonardo. Percebo alguma ansiedade. Você não estaria aprontando algo muito inusitado, meu caro colega? — insistiu a senhorita Stella, devido à reputação do Leonardo com ações às vezes extravagantes que ele toma.

— Senhorita Stella, deixa eu lhe perguntar. — disse Leonardo respondendo à insistência dela. — Você gosta do fato de estarmos aqui nesta nova sede, maravilhosa, economizando muito dinheiro para a empresa e trazendo muito mais conforto e qualidade de vida para todos nós? Você gosta dos resultados que conquistamos nos últimos anos, sempre crescentes? Você gosta de nosso nível de eficiência operacional? — disparou Leonardo, falando em voz reservada, mas firme!

— Sim, Leonardo. Gostamos de tudo que foi conquistado! — respondeu a senhorita Stella, com tranquilidade.

— Certo, e você sabe que tudo só foi possível pela minha atuação firme, apesar de às vezes meio incompreendida, propondo e implantando mudanças onde todos viam problemas e empecilhos, não sabe? — continuou Leonardo, se impondo de forma suave.

— Claro que sei. Suas ideias e atitudes foram determinantes para algumas transformações fazendo que tudo o que temos hoje fosse possível. — afirmou a senhorita Stella.

— Então, minha cara colega. Pode ficar tranquila! Vai dar tudo certo... — falava Leonardo, quando Tereza saiu à porta sinalizando com a mão que ele já podia entrar.

— Oi, Leonardo! — cumprimentou, Tereza. — Vamos entrar! — convidou ela. — Senhorita Stella me disse que quer falar rapidinho. Pode falar! — disse ela.

— Bom dia! Tudo bem? — cumprimentou Leonardo, com entusiasmo, alegria e um sorriso no rosto, tentando segurar sua ansiedade com o que poderia estar por vir.

Ele sabe que suas conquistas e realizações anteriores foram positivas para a empresa e que tem o reconhecimento de todos os colegas, inclusive da Diretoria como um todo, do Conselho e até da Presidência, mas em especial de Tereza. Mas ele temia que talvez não fosse tão bem compreendido dessa vez. Pelo menos não de imediato.

Conforme ele falava e apresentava sua ideia, dando muitos e bons argumentos, fazendo as adequadas justificativas e enumerando os ganhos que a empresa como um todo poderia ter com sua nova ideia, Leonardo começou a sentir um pouco de insegurança e a enorme sala da Diretora pareceu ficar meio sufocante frente ao verdadeiro furor que se desenhava bem diante dele. Pareceu num dado momento que ela ia agarrar o pescoço dele e apertar. O rosto dela ficou vermelho e a expressão nos olhos não era nada amistosa. Era sisuda e grave. Era até ameaçadora. Tereza é muito expressiva com seu rosto.

— NÃO, Leonardo... de jeito nenhum! Você perdeu a cabeça de vez? Pode parar e levar tudo embora! Não podemos trazer coisas assim aqui para o escritório. Vai ser um enorme desvio de atenção o tempo todo e para todo mundo! — disse Tereza, vociferando. — E ademais, por que você não conversou comigo antes? Custava me ligar? Você tem meu número direto e sabe que pode me ligar a qualquer hora.

— Mas você nem viu ainda! Será muito bom, divertido, estimulante e seguro. Para todo mundo. Certamente todos vão adorar! Precisamos da imaginação do pessoal em alta... precisamos avançar a um novo patamar, pois estamos estagnados nesse sentido. Ou você não percebeu ainda? — justificou Leonardo, apresentando argumentos técnicos.

— Pela última vez, Leonardo, a resposta é NÃO! E deixe de falar bobagens. Nós não estamos estagnados! Estamos muito bem! Seu setor está ótimo! Você não pode ficar falando em estagnação. Não ajuda em nada, sabe? Crescemos mais de dez por cento ao ano nos últimos três anos! Já temos preocupações suficientes para ter mais uma de suas maluquices por aqui. — falou a Diretora, em voz muito alta.

— Mas... é que eu consegui fechar minha ideia só ontem à noite, não dava tempo de falar com você... eu precisava... — tentou retomar Leonardo, quando foi duramente interrompido.

— CHEGA! A resposta é NÃO... — finalizou Tereza. — Agora me dê licença que tenho uma agenda cheia pela frente agora de manhã. A segunda-feira mal começou e tenho muito o que fazer. — e pediu a Leonardo que saísse.

Os brados da Diretora ecoaram pelo vigésimo andar. Foi um duro golpe para Leonardo, por mais que ele soubesse do ímpeto da Tereza, a negativa recebida e a forma como chegou foram desconcertantes. Ele já tinha recebido negativas antes, mas não de uma forma tão dura, definitiva e avassaladora.

Mesmo depois de ser confrontado com toda aquela dureza, rusticidade no olhar, na expressão e até nas intenções, pois pareceu num certo momento que Leonardo ia receber uma agressão física, ainda assim, ele cordialmente agradeceu, virou as costas e saiu da sala calmamente, com toda elegância. Enquanto saía, Leonardo pensava.

"Tá certo! Eu sei, eu sei, eu sei... devia mesmo ter conversado com ela; discutido antes! Eu bem que podia ter ligado ontem à noite. Agora terei que levar embora tudo o que trouxe com tanto cuidado e carinho. E ainda por cima receberei de vez o rótulo de, sei lá eu, de que perdi a moral com a minha própria Diretora?", pensava Leonardo enquanto saía da sala.

As pessoas que estavam na antessala esperando para serem atendidas pela Diretora olhavam para Leonardo com um misto de pena, espanto e medo enquanto ele passava com sua melhor altivez e tranquilidade cumprimentando as pessoas e sorrindo dissimuladamente.

— Parece que as coisas não saíram como você planejou, não é Leonardo? — perguntou a senhorita Stella, num tom calmo e conciliador. — Será que posso fazer algo? Se você me der mais detalhes, talvez eu possa ajudar! — insistiu ela.

— Não, senhorita Stella. Obrigado! Vou juntar o restinho de dignidade que me sobrou e tentar colar os cacos. Agradeço de verdade. Depois nós nos falamos. — se despediu Leonardo, bastante contrariado.

— Tudo bem, Leonardo. Só, por favor, não realize mais nenhuma façanha por hoje, combinado? — aconselhou a senhorita Stella.

A FAÇANHA

O que passava pela cabeça de Leonardo?

De certo modo, naquela altura dos acontecimentos, nada muito bem estruturado ainda. As coisas todas que ele intuiu, estavam se desenhando e se conformando pouco a pouco em sua mente. Um processo complexo! Parecia que os seus desejos mais profundos de tentar fazer as pessoas assimilarem aos poucos uma transformação para uma cultura organizacional mais livre e leve, de ter uma forma mais aberta de funcionamento organizacional, estava sendo ao mesmo tempo rejeitada, rechaçada, odiada, massacrada e enterrada. "Que triste!", pensava ele.

Pelas atitudes da Tereza, na prática, a interpretação que Leonardo fazia era que, na verdade, se encontrava latente ali com ela um sentimento de que seria preciso recriar a forma de ser e de funcionar da organização, mas ficava nítido que ela não sabia ao certo como fazer, ou mesmo por onde começar. Parece que havia se instalado nela um certo temor em dar o salto de fé acreditando no potencial da equipe[27].

"Qual seria a intenção de Tereza, por exemplo, com uma mesa de bilhar na sala de reuniões, mesas de ping pong na área de café e uma jacuzzi gigantesca em pleno salão de festas? Não pode ter sido apenas uma resposta dantesca[28] às modinhas startupeiras.", pensava Leonardo. "Algo está pressionando a cabeça de minha Diretora para transformar a empresa, mas ela está perdida nas suas ações!", concluiu, Leonardo.

E ele não pensava em dantesca, com maldade, mas com o sentido de ser uma iniciativa meramente utilitarista. Esse era o pensamento de Leonardo sobre a dura posição de Tereza.

Ele sabia e sentia que era como se ela dissesse que precisava recriar a forma de ser e de existir da empresa, mas não acreditava suficientemente na capacidade e no potencial das pessoas que estão lá. Pelo entendimento dele, atitude que acabava gerando uma espécie de paradoxo dentro da estrutura organizacional, ou seja, ela sabia da necessidade de inovar para fazer a estrutura organizacional sobreviver, mas para tanto seria preciso modificar a forma como a própria estrutura empresarial funciona o que apenas seria conseguido com uma nova forma de pensar o funcionamento da empresa, ou seja, inovando.

"É isso! A Filomena será a saída de que preciso.", pensou ele. Este pensamento parece ter trazido um novo ímpeto ao Leonardo.

Ainda lhe restava um trunfo importante, pois até aquele momento ninguém havia conhecido a Filomena ainda. Ele apenas comentou sobre ela com

Lucy e Tereza, mas não tinha apresentado ela para ninguém.

"Quando a virem, quando finalmente conhecerem a Filomena, tenho certeza que vão se apaixonar! Será um caminho para romper aquele paradoxo da inovação.", pensava Leonardo, renovando sua esperança de avançar em sua ideia, ainda que à revelia de Tereza... mais uma vez!

— Oitavo andar! — ficava ouvindo Leonardo aquela suave voz digital, pensando em como seria se o prédio tivesse ascensoristas.

"Seria bem legal!", pensava ele.

"Certamente eu iria discutir as impressões gerais de tudo que ele ou ela tivesse ouvido enquanto transporta as pessoas o dia todo para cima e para baixo, entre os 25 andares do prédio sede da empresa". Mas tudo que ele tinha era aquela voz digital aveludada e suave.

"Paciência! Não podemos ter tudo que queremos!", se conformava Leonardo.

Leonardo saiu do elevador de forma elegante e com o ânimo totalmente renovado e dirigiu-se para sua sala, pedindo que a Lucy o acompanhasse. Ele não iria desistir: não iria jogar a toalha e tão pouco chutar o balde, mesmo depois de receber aquela determinação expressa de sua Diretora para levar tudo embora. A questão central que o animava é que ela, a Diretora, não havia lhe falado que ele tinha que executar a determinação imediatamente, logo ele pensou: "Mãos à obra...".

— Como foi com a Diretora, Leonardo? Conseguiu falar sobre sua ideia? Deu tudo certo? — perguntou curiosa, Lucy.

— Falei com ela sim, mas o resultado não foi promissor. Ela disse pra levar tudo embora, que não posso seguir com o que estou fazendo, que eu estou doido... essas coisas. Fiquei muito chateado. Mas o que eu acho mesmo é que ela estava muito mais desapontada por eu não ter falado com ela antes, do que realmente não tenha aprovado minha proposta. — considerou Leonardo.

— Bom, Leonardo. Você sabe muito bem que há sempre uma linha muito tênue que separa a lógica e a malandragem corporativa em lados opostos de trincheiras bem distintas. Ela te falou explicitamente para que você levasse tudo embora imediatamente?

Os olhos de Leonardo brilharam ao ouvir sua própria assessora lhe perguntar o que ele mesmo já havia considerado há pouco. Parecia um presságio, um sinal verde. Ele olha para ela com firmeza e diz que não tinha recebido uma determinação para agir de imediato.

— Na verdade, Lucy, ela foi imprecisa em suas palavras. Estava mesmo era brava comigo por eu ter passado por cima dela com minhas ações e já ter trazido tudo para cá... sem falar antes com ela, sabe?

— Bom, Leonardo. Se foi assim, acho que você deve pôr mãos à obra e continuar o que quer que tenha pensado em relação à Filomena aqui no escritório. — incentivou Lucy. — E por falar na Filomena, quando vou conhecê-la? — perguntou Lucy ansiosa.

— Tenha um pouco mais de paciência, Lucy. Logo você, a empresa toda... todos irão conhecê-la!

Leonardo estava transitando agora para o lado de lá da trincheira e sabia dos riscos para ele, para seus colegas e provavelmente para a imagem da empresa se a coisa toda, por algum acaso do destino, saísse do controle. Então ele resolve arriscar tudo!

Definitivamente "...levar tudo aquilo embora!", não era uma prioridade para o Leonardo. Ao contrário, ele decidiu mesmo que iria avançar. Pediu ajuda a alguns colegas, que mesmo não entendendo sua intenção com aquele aparato todo, ajudaram. Algo que Leonardo não sabia ao certo, razão pela qual ainda estava um pouco incomodado é se os colegas o estavam ajudando só porque ele é o chefe ou se é porque realmente estavam muito curiosos para ver no que ia dar tudo aquilo.

"Ah, que droga! Não dá para querer ter certeza de tudo e querer entender o que se passa na cabeça de cada um quando se trata de transformar as pessoas. Tenho mesmo é que enfrentar a situação e ir em frente! Preciso acreditar em meus instintos!", convencia-se Leonardo, reafirmando a si mesmo a intenção de concretizar seu intento, mesmo que correndo riscos e expondo seus colegas e a empresa como um todo.

A caixa era grande devido ao conteúdo ser frágil e exigir por causa disso várias camadas de amortecimento interna. Havia protetores de isopor, plástico bolha, suportes de papelão, saquinhos de ar, macarrão de isopor e protetores de papelão que foram sendo retirados e parte por parte, com muito cuidado o quebra-cabeça ia sendo revelado. Leonardo abriu a grande caixa e foi desembalando e organizando tudo para que pudesse mostrar a todo mundo o que ele trouxe.

Mas ambiente empresarial é uma caixinha cheia de surpresas. Não importa a posição que você ocupe e nem seu status perante os colegas de trabalho. Sim! Pode ter certeza! Há o pessoal que é forte adepto daquele estilo de comunicação que é mais proativa do que estruturada, ou seja, adora uma fofoca. Pessoas assim estão sempre de plantão. Elas não perdem tempo! Mais do que depressa a notícia da façanha do Leonardo já estava aos ouvidos da senhorita Stella, assessora da Diretora Geral, Tereza, e que certamente na primeira oportunidade cumpriria sua obrigação e dever de levar ao conhecimento dela o que ficara sabendo, mas como toda profissional responsável, ética e em nível sênior, não faria isto sem antes checar os fatos.

— Alô, Lucy! Bom dia, tudo certo? Por favor, Lucy, como estão as coisas aí no oitavo andar? O Leonardo está fazendo algo de novo hoje? — perguntou senhorita Stella.

— Oi, Stella! Tudo certo por aqui. Sim, o Leonardo está montando alguma coisa aqui no corredor próximo à sala dele. É algo que ele trouxe hoje mais cedo para o escritório numa grande caixa. — respondeu Lucy diretamente.

— E está tudo bem? Quer dizer, está causando algum transtorno?

— Bem, Stella, o transtorno não está sendo maior do que aquela vez que ele fez os sorteios pra montagem das equipes de rafting. Pelo menos por enquanto, tudo certo, apesar do pessoal estar bastante curioso! O espaço aqui está um pouco bagunçado também, mas nada muito sério... logo mais dá-se um jeito.

Senhorita Stella checou com a Lucy e apesar de saber da lealdade dela ao Leonardo, sabe da isenção dela em relação aos fatos. Ficou então tranquila e certa de não haver motivo para alarmismo e agora sabe em que tom deverá informar Tereza assim que tiver chance.

É claro que as informações proativas não param de chegar para senhorita Stella. Por serem não estruturadas, à medida que transitam de uma pessoa para outra, sofrem o conhecido fenômeno do ruído informacional, ou seja, os acontecimentos começam a chegar assim: "... veja só, mais uma loucura do Sr. Leonardo, Gerente aqui do setor, está gerando uma não conformidade atrás da outra em relação à segurança e às normas do uso do espaço compartilhado do escritório, impondo algumas restrições no trânsito dos funcionários pelos corredores e demais espaços, inclusive elevando o risco ergonômico do ambiente!", e esta é uma forma bonita, elegante e precisa de trazer as informações à tona. Há pessoas que preferem se comunicar dessa forma. A fofoca quando veiculada assim fica com ar mais crível.

Mas há pessoas, que apesar de participarem do mesmo grupo de adeptos da comunicação proativa não estruturada, não o fazem com a devida beleza, nem com a elegância e tão pouco com a precisão requerida para evitar distorcer ou aumentar a intensidade dos fatos. Ou seja, os relatos originários desse outro grupo de pessoas, chegaram lá, para a senhorita Stella, como "... e agora o Leonardo enlouqueceu de vez! Está fazendo a maior bagunça aqui no oitavo andar. Ele tá abrindo uma caixa gigantesca, cheia de um material estranho ao nosso trabalho. Ele tá espalhando um monte de coisas por todo lado. Aqui tá parecendo mais um cortiço do que um escritório. Quase uma zona de guerra ou um desmanche. Maior barulheira, maior sujeira, maior bagunça. Não dá para trabalhar assim. Chega até a ser insalubre e desumano!".

Para surpresa de todos, até que estava demorando para que alguém chegasse por ali. Talvez o pessoal da Brigada de Incêndio do prédio, ou até o pessoal da CIPA (Comissão Interna de Prevenção de Acidentes), para restabelecer a normalidade ordenando e priorizando a imediata liberação do espaço e o recolhimento de todo o material estranho ao trabalho que estava se acumulando rapidamente pelo ambiente.

Mas nada disso estava na iminência de ocorrer, pelo menos não por hora e enquanto nada disso acontecia, Leonardo, que é muito caprichoso, nesse tempo foi arrumando as coisas, com calma, cuidado e carinho. A preocupação dele era que a Filomena pudesse ter a infraestrutura necessária para conquistar todo mundo com seu charme e graça, revertendo todas as possibilidades que até aquele momento estavam contra ele.

Ele estava realmente imerso em sua atividade de organizar tudo e cantarolava uma canção que ouviu no rádio mais cedo, com sua banda favorita e que é uma declaração explícita de insanidade, loucura ou até subversão.

Leonardo adora!

Peça por peça... parte por parte... elemento por elemento, Leonardo foi organizando tudo: os suportes, as trilhas, os ambientes, os tubos coloridos de passagem e caminhos. Os espaços para a área de lazer, o pátio de ginástica, o banheiro, a área de alimentação, o quarto, a varanda, o bosque, a piscina de bolinhas, a pista de dança, o elevador automatizado... tudo arrumado com muito cuidado. "Nossa! Está ficando lindo!", pensava ele. Algumas pessoas perguntavam curiosas, pois ainda não tinham conseguido entender o que ele estava montando ali e nem porque estava fazendo aquilo.

Tudo era muito lúdico, inusitado, colorido, mágico e curioso. A imaginação das pessoas já ia longe...

— Mas o que é isso tudo, Leonardo? Pra que serve? É algum tipo de maquete para um novo produto? Uma pista de brinquedo? É um labirinto? Mas que interessante! — perguntou um colega, num tom de estranheza.

— Nossa! Tá parecendo sabe o quê? Um labirinto para carrinho de controle remoto! Legal... meu filho adora carrinhos. — dizia outra.

— É mais decoração natalina para o nosso setor, Leonardo? — perguntava outra.

— Leonardo, o que você vai colocar aí dentro? É para algum tipo de jogo eletrônico novo? Vamos poder brincar também? — perguntava um colega, muito animado com tudo aquilo.

— É um protótipo para algum novo produto, Leonardo? — perguntou um colega.

— Calma aí pessoal, vocês logo vão entender, tá bem? Só mais um pouco e tudo ficará pronto! — falou Leonardo, acalmando os ânimos do pessoal.

No geral o pessoal estava mesmo muito curioso.

"Que legal, um de meus objetivos já parece estar sendo atingido!", comemorava Leonardo em seus pensamentos.

Entretanto, à boca miúda, os comentários de alguns colegas é que eles tinham medo de que a atitude do Leonardo pudesse acabar prejudicando a todos no setor. "Ele é muito ousado!", pensavam alguns.

Por outro lado, era nítido que já havia diversos colegas que estavam ansiosos e queriam conhecer a Filomena, mesmo não sabendo ainda o que ou como seria ela. Na verdade, não viam a hora. Até começaram a chamar ela pelo nome. "Quando vamos conhecer a Filomena, Leonardo? Vai demorar?", perguntavam alguns. "Tenham paciência, gente. Só mais um pouquinho.", respondia Leonardo, pacientemente.

Alguns outros colegas, porém, apesar do natural sentimento de curiosidade, estavam era com medo das consequências de ter aquele aparato que Leonardo estava montando bem ali, no meio da sala no oitavo andar do setor em que ele é Gerente. Um verdadeiro corpo estranho à estrutura da empresa, montado bem ali, para todos verem. "Nossa, queria ter a coragem do Leonardo!", pensavam alguns. "O Leonardo está surtando. O que será que ele está querendo provar?", refletiam outros. "Tomara que ele se de mal dessa vez!", desejavam uns poucos.

Não demorou muito e é claro que o inevitável acabou acontecendo, afinal estamos na era da tecnologia digital da informação e da comunicação: veloz, pervasiva e onipresente. Alguns colegas mais empolgados com aquela movimentação e estimulados pelo entusiasmo da novidade inusitada que se desenhava bem na frente deles, começaram a fazer fotos. Outros começaram a fazer vídeos e a compartilhar tudo nas redes sociais.

Alguns comentários e hashtags começavam a se multiplicar. Um verdadeiro festival de curiosidades nas redes sociais do pessoal da empresa, a intranet corporativa:

"Revolução no escritório...#MeuGerenteFicouDoido";

"Gerente montou um objeto inusitado bem no meio do escritório! #MeuGerenteFicouDoido #GerenteCorajoso";

"Deu a louca no gerente. O que será isso? Quem souber escreve nos comentários. #EscritorioDiferente #GerenteCorajoso #MeuGerenteFicouDoido";

"Alguém sabe o que é isso na foto? Meu gerente montou bem no meio do escritório. #EscritorioDiferente #GerenteCorajoso #MeuGerenteFicouDoido";

"Alguém já ouviu falar de uma tal de Filomena? Sabem se é algum brinquedo novo? #Filomena #GerenteCorajoso #BrinquedoNovo";

"Casinha de brinquedo é montada no meio do escritório. Gerente enlouqueceu? #Filomena #GerenteCorajoso #BrinquedoNovo";

"Excesso de trabalho leva gerente a montar uma espécie de brinquedo no meio do escritório da empresa! #Filomena #GerenteCorajoso #BrinquedoNovo #Workaholic";

"Aqui no meu setor acontece de tudo! Não tem monotonia! E no seu? #GerenteCorajoso #Filomena #BrinquedoNovo #Workaholic";

"Meu gerente é TOP! Está revolucionando a rotina por aqui no escritório! Vamos curtir, comentar e compartilhar... #Filomena #GerenteCorajoso #BrinquedoNovo #Workaholic";

"Viva Filomena! #Filomena #GerenteMaluco #BrinquedoNovo #Workaholic #VivaFilomena".

Com o burburinho gerado, o resultado não poderia ser diferente. Funcionários dos outros setores da empresa ficaram sabendo dos movimentos lá no oitavo andar. Alguns não resistiram a curiosidade e foram para lá, para ver de perto. Outros, alucinados pela curiosidade, mas impossibilitados de ver in loco, pois não podiam abandonar seus postos de trabalho, pipocavam suas mensagens na intranet da empresa e fora dela, na Internet. Alguns foram chegando e os mais ousados, até começaram a transmitir uma *live*.

O poder do compartilhamento orgânico das redes sociais mostrou sua força e em poucos minutos tudo que estava rolando por ali ganhou notoriedade, se espalhou e centenas de pessoas da empresa e de fora dela estavam assistindo ao vivo a inusitada saga no escritório, protagonizada pelo Leonardo!

Amigos, colegas, conhecidos, amigos dos amigos, colegas dos colegas, conhecidos dos conhecidos, parentes, parceiros de negócios, concorrentes, fornecedores, clientes... a coisa toda saiu do controle!

Alguns memes surgiram e as hashtags #Filomena, #GerenteCorajoso, #Workaholic e #MeuGerenteEndoidou se multiplicaram.

"Ah, a Internet! A história de minha escalada rumo à transformação das pessoas no ambiente de trabalho, de meus colegas e do ambiente empresarial como um todo começa a ganhar alguns contornos que me assustam um pouco. Acho que só falta mesmo eu estar em rede nacional pelos veículos tradicionais do rádio e da TV como personagem de uma daquelas manchetes sensacionalistas sobre o executivo que é motivo de piada por tentar transformar as pessoas no ambiente de trabalho, e é literalmente jogado no meio da rua pelos seguranças da empresa onde trabalha.", pensava Leonardo, enquanto encaixava a última parte do que estava montando.

As mídias sociais são uma maravilha. Tem o poder de fazer as informações circularem muito rapidamente. Ela é fantástica, mas também impiedosa. O que era para ser uma iniciativa reservada de um bem-intencionado gerente que busca melhorar a capacidade criativa de sua equipe, logo ganha proporções de um pequeno show de variedades.

Não demorou muito até que a mãe do Leonardo ligasse para ele em pleno horário de expediente, coisa rara de ocorrer, a menos que ela tivesse alguma emergência de saúde ou algum outro problema. Há mães que tem muito orgulho de seus filhos, e há aquelas que são verdadeiras corujas e os acompanham passo a passo em tudo que fazem. São verdadeiras fãs dos próprios filhos. Algumas, são tudo isto e ainda muito tecnológicas, sabem tudo sobre os filhos ao vivo pelas mídias sociais. A mãe do Leonardo é desse último tipo.

— Leonardo... filho! Acabo de receber aqui um monte de comentários em minha rede social avisando que você estava viralizando pela Internet. Estava te vendo numa live agora mesmo. Você tá famoso aí na empresa e não contou nada pra mamãe? Queria fazer surpresa é? — perguntou ela, ao telefone.

— Sabe o que é mãe? É brincadeira do pessoal aqui no escritório, está tudo bem, fica tranquila! — respondeu Leonardo.

Claro que não é nada fácil convencer a própria mãe de que está tudo bem, quando dezenas de pessoas estão pela Internet nas redes sociais dizendo que você está com problemas de sanidade mental, falando que você deve ser demitido e sugerindo que você seja internado.

— Mas é que estou vendo aqui algumas pessoas te chamando de... louco? De... revolucionário? Está tudo bem mesmo? O que você tá aprontando meu filho? Fala pra sua mãe, fala! Li também num post agorinha mesmo, alguém falando da Filomena. Tem até #VivaFilomena. Ela tá bem? A Filomena está bem? Mesmo? O que ela tem a ver com isso? Leonardo, você levou a Filomena pro escritório com você hoje? — perguntou a mãe, já um pouco nervosa.

— Fica calma mãe. Tá tudo bem! Verdade! É apenas uma experiência social que estou fazendo. — dizia ele para a mãe. — Até o final do dia tudo vai estar resolvido. Fica tranquila, tá bom? — emendou Leonardo para deixar a mãe mais calma.

— Mas você precisava envolver a Filomena nisso, filho? Aí é seu trabalho, filho! Você vai arrumar confusão... de novo? A Filomena tá com você agora? Tudo bem com ela? Ela não tá assustada, não é mesmo? — disparou perguntando a mãe do Leonardo, agora bastante aflita com a situação.

— Mãe, escuta! Eu já disse. Fica tranquila, tá? A Filomena tá comigo, sim! Tá muito bem! E não, ela não está assustada. E não, não estou arrumando confusão nenhuma. Agora preciso desligar, tá bom? — respondeu Leonardo. — Logo mais falamos de novo. Um beijo, mãe! Te amo... tchau! — se despediu Leonardo da mãe, desligando o telefone.

A mãe do Leonardo não era boba, nem nada do tipo. Ela sabia que ele havia sim, se metido em confusão. E não era pequena. Isso estava muito evidente nas mídias sociais e se alastrando muito rapidamente. Ela sabia que precisava descobrir mais detalhes sobre o que estava acontecendo, e as informações precisavam vir de fontes seguras e fidedignas. Ela conhece a senhorita Stella... e ia ligar para ela! Ou quem sabe mandar uma mensagem... "Sim... é hora de expediente... melhor mandar uma mensagem de áudio para ela...", pensava a mãe de Leonardo.

"Olá, Stelinha. Tudo bem? Aqui é a Karen, mãe do Leo. Viu, você tá sabendo o que meu filho tá fazendo aí no escritório hoje que está aparecendo na Internet? Estão falando coisas dele... tá tudo bem?", enviou a mensagem para a senhorita Stella a mãe do Leonardo.

"Oi, Karen. Tudo bem. Sim, o Leonardo está fazendo umas atividades aqui com o pessoal dele e estão todos muito curiosos. Até eu estou! Mas fica tranquila que está tudo bem. Se tiver novidade te informo. Um beijo!", respondeu tranquilizadora a senhorita Stella para a mãe do Leonardo.

A mãe do Leonardo, Karen, ficou bem mais tranquila com a informação que recebeu da senhorita Stella, pelo menos era uma informação de uma pessoa que ela sabia ser confiável.

Há um momento quando algumas decisões são tomadas em nosso íntimo que nos geram um sentimento de poder ou de empoderamento, ou ambos. É como se você fosse entrar sozinho(a) numa caverna escura e desconhecida numa floresta longe da civilização. Há um misto de medo, insegurança, frio na barriga, pavor... a adrenalina jorra pelas veias e te faz ficar alerta ao máximo e pronto(a) para correr, ou atacar, ou se defender do que quer que possa aparecer... na escuridão. Passado o impacto inicial da transição da claridade para o escuro interior da caverna, logo que seus olhos se acostumam à escuridão; o som também muda. O barulho do vento que farfalhavam as folhas das árvores cede espaço para o silêncio e o eco de gotas que descem das estalactites e pingam fazendo poças pelo caminho escuro, o crepitar de insetos e o barulho do seu próprio caminhar ao pisar na terra úmida, se somam a sensação de que há por ali muito mais do que seus sentidos revelam... e então, nesse momento, sua imaginação começa a preencher o vazio de informações com pensamentos de perigos que podem existir ou não, pois tudo está em sua mente. É nesse momento que você tem duas opções: dominar sua mente e sentir-se empoderado(a) para avançar no desconhecido, ou sentir que há um poder além de você que não deve ser enfrentado naquele momento e então você recua.

Leonardo estava na iminência de decidir o que faria... se avançava ou se recuava. Milhares de mensagens pululavam pelas mídias sociais das pessoas ligadas direta e indiretamente a ele fazendo-o sentir-se pressionado.

A matemática por trás da multiplicação em rede é fantástica. Leonardo tem em suas conexões da empresa, diretamente ligado a ele, também chamada de conexões em 1º nível, pouco mais de duzentas pessoas. Na empresa de Leonardo, trabalham pouco mais de cinco mil funcionários. A pergunta que surge é: como a conexão com duzentas pessoas podem atingir cinco mil quase instantaneamente? Simples, se cada uma das duzentas pessoas que se conectam com Leonardo, mantiverem conexão com apenas mais 20 pessoas além das 200 que Leonardo já possui, então uma manifestação na rede dele tem o potencial de atingir mais de quatro mil pessoas instantaneamente. Isto falando só de intranet, ou seja, apenas o ambiente interno da empresa.

Agora imagina no âmbito na Internet. É como uma disseminação viral; não é à toa que a expressão "viralizou na Internet" ficou tão popular com o advento das mídias sociais.

Já eram mais de 10h30 e a situação do Leonardo estava bem próxima de atingir um estágio caótico, talvez até... irreversível... "(...) consequências haverá...", e esta era a maior certeza que ele tinha, mas naquele momento ele só não conseguia mensurar a proporção, a extensão, a gravidade e os desdobramentos de seus atos, de resto "...estava tudo sob controle!", pensava Leonardo, tentando minimizar a situação que ele mesmo criou.

Belo controle!

Uma profunda convicção de que a cultura organizacional efetivamente precede a inovação tomava todo o ser de Leonardo. "Se eu tiver que ser o mártir nesta situação que criei para transformar o que está posto, estagnando a mim, aos meus colegas e a todos os demais, eu estou preparado!", pensava ele.

A decisão de se colocar como mártir por uma causa ou ideia, pode surgir como rompante em alguém, mas também como resposta do seu amor próprio ao ser colocado em situações que testam os seus limites. O orgulho pessoal e até mesmo as convicções parecem fazer brotar no peito uma espécie de força avassaladora, até então desconhecida, que estava guardada em seu íntimo. Situações assim requerem um bom equilíbrio emocional. O apoio de uma pessoa próxima passa a ser determinante para que a decisão não seja meramente passional, mas guarde coerência aos seus princípios, sem perder de vista suas convicções. Leonardo sabe articular muito bem o equilíbrio necessário em sua mente, por mais que suas atitudes demonstrem o contrário.

"Quer saber? Eu estou tranquilo. De verdade! Nunca estive tão bem! Afinal acredito não apenas no impacto da minha iniciativa, que é necessário, como também na necessidade de demonstrar meu ponto de vista para todo mundo. Ou eu faço isto hoje, ou eu realmente ficarei muito mal, comigo, com meus colegas e com minha consciência!", refletia Leonardo, reforçando sua intenção mentalmente.

Ele sabe que as pessoas em geral têm muito medo de se revelar, demonstrar e exemplificar o que pensam e sentem. Preferem ficar segurando, guardando para si mesmas, até o ponto de ficarem completamente infelizes, arredias, fechadas ou tudo isso junto chegando a entrar em depressão. E não apenas no trabalho, mas em suas vidas no geral mesmo: na família, na escola, na sociedade... "Que coisa de loucos!", pensava ele. "Isso é um desperdício! Não posso continuar sendo conivente com a situação e deixar os meus colegas entregues ao mesmo destino!", cobrava Leonardo de si mesmo.

Parece que as pessoas enfrentam alguma barreira intransponível de um tipo de moralidade social que Leonardo não entende muito bem o funcionamento. É como se todos estivessem num campo minado com armadilhas espalhadas pelo caminho, despertando o medo para as manifestações mais legítimas. O sentimento de medo acaba por suprimir a forma de pensar e entender o mundo e fica pressionando fortemente para que você engula suas próprias opiniões e formas de pensar, senão vão te explodir a qualquer momento.

"Bom, eu estou bem, estou confiante que tudo vai se resolver, e melhor, sei que a curiosidade do pessoal já é um bom indício de que provavelmente estou no caminho certo.", pensava Leonardo, recluso em seus pensamentos e determinado a prosseguir.

Após terminar de arrumar e montar tudo que estava na grande caixa, encaixando várias peças e conectando diversos tubos transparentes e coloridos, finalmente, ficou pronto!

"Agora é hora de encantar o pessoal.", pensou Leonardo. "É chegada a hora de todo mundo conhecer a Filomena.", finaliza ele em sua mente!

PREPARANDO O TERRENO

Leonardo se encanta com as coisas simples.

Ele é uma pessoa muito imaginativa.

Sempre que a nossa imaginação recebe um estímulo e isto se dá de forma primordial, ou seja, utilizando principalmente a narrativa oral, os arquétipos que estão no inconsciente formam modelos de representação das coisas que podem nos surpreender quando a realidade nos é revelada.

Algumas pessoas chamam isto equivocadamente de modelo mental ou mindset. É equivocado porque mindset conduz a comportamentos de fato, ou seja, ações, enquanto os arquétipos conduzem a atitudes mentais.

No comportamento estimulado pelo mindset se uma pessoa entende que tem o direito de fazer algo, ela vai lá e faz; ela simplesmente age. Na atitude orientada pelos arquétipos, se uma pessoa entende que tem o direito de fazer algo, ela reflete antes e reage às consequências do ato pensado apenas em sua mente. Se a ação será ou não efetivada de acordo com o pensamento da pessoa, isso dependerá do mindset de cada um.

Isso fica mais claro quando entendemos que a imaginação ativa áreas do cérebro que são especializadas em materializar uma realidade que só existe na mente de cada um. Nesse momento a fantasia se torna real e as possibilidades são infinitas. Os arquétipos ajudam nessa complexa tarefa, pois funcionam como atalhos para as coisas que podem emergir de nossa imaginação.

Por exemplo, quando falamos "mãe", geralmente nos vem à cabeça carinho, bondade e segurança. Quando pensamos em um cachorro, geralmente lembramos de um animal fiel e companheiro. Se falamos em Madre Tereza de Calcutá o que nos vem de imediato é a bondade.

As coisas mais simples têm a capacidade de nos fazer viajar para lugares fantásticos e realidades alternativas que nos animam a querer sempre mais e mais. Leonardo sabe disto como ninguém. Ele exercita o pensamento simples exaustivamente, todos os dias. Ele é um leitor contumaz de livros nos quais busca desde histórias de aventura, até ficção, poesia, romances... com eles, Leonardo exercita sua mente em todas as possibilidades que se apresentarem para ele.

No exercício constante da imaginação e da descoberta das alternativas que a mente pode proporcionar, Leonardo costuma viajar através de seus pensamentos pelas possibilidades que podem surgir, ainda que numa realidade alternativa.

Mas, calma! Não precisa se sobressaltar! Leonardo não é um maníaco que fica alucinando, aprisionando-se em um mundo que é só dele, como numa esquizofrenia paranoide que faz a pessoa perder o vínculo com a realidade.

Tudo é um grande exercício imaginativo.

Como apresentar a Filomena e de que forma esta apresentação influenciará os colegas de Leonardo? Esta é uma dúvida na cabeça dele que precisa ser exercitada.

O mais curioso de nossa imaginação é que conseguimos fazer passar pela nossa mente e pelos nossos pensamentos, viagens inteiras em poucos segundos. Se todos os detalhes fossem narrados, ocupariam várias páginas. Leonardo faz muito isto: exercita em sua imaginação situações variadas, buscando em cada uma delas, qual será a mais adequada. É o poder dos arquétipos!

APRESENTAÇÃO

↓

— Com vocês, a casinha da Filomena!

E rufam os tambores...

Rá ta tá...

Rá ta tá...

Rá ta tá... Rá ta tá... Rá ta tá...

Leonardo, sempre quis fazer desta forma. Como num palco, com luzes e holofotes especiais valorizando cada momento.

— E agora, senhoras e senhores, quero lhes apresentar a casinha da Filomena!

Tá... tá rá rá...

Tá rá rá rá rá rá...

Tá rá rá...

Ela é uma vedete, é linda, sua cor predominante é o café com leite, mas vou deixar que ela mesma mostre tudo para vocês, afinal ninguém melhor do que a legítima dona de tudo isto para apresentar sua luxuosa moradia com toda a riqueza de detalhes, pois estamos falando da casa da Filomena. — um suspense idílico tem início e manifesta um sentimento em Leonardo de ninguém menos do que Goethe[29].

CRAVO

O cravo brotou no prado,
desconhecido e corado,
um cravo pequeno e brando.
Mas uma jovem pastora
passava ali naquela hora
sorrindo e cantarolando...

"Fosse eu o cravo mais lindo
do mundo!", disse sorrindo,
"...só por um momento, ser
colhido pela mais bela,
e premido ao seio dela,
eu poderia morrer."

Mas a pastora indecisa,
Ao não notar onde pisa,
Calcou o cravo apaixonado.
E esmaecendo, ele sorria:
posso morrer com alegria
– morro aos pés do meu amor!

Neste momento, Leonardo coloca cuidadosamente a mão bem no fundo do bolso direito do seu paletó e de lá retira a pequena, frágil, meiga, dócil e elegante Filomena. Ela estava bem quietinha esse tempo todo... bem tranquila... aconchegada e encolhidinha... no fundo do bolso do paletó.

...

O barulho de um disco arranhado nos tira do fluxo mental que estava se instalando depois de Goethe.

...

— Até que enfim, hein Leo! Pensei que você não ia mais parar com esse blá, blá, blá... ah e antes que eu esqueça, muito obrigada pela apresentação! — diz Filomena com sua firme voz de soprano e faz uma singela reverência.

— Ufa... não aguentava mais! Bom, é verdade, eu estava sim aconchegada, e estava também, bem quietinha. Tudo verdade, mas tem uma razão de ser: eu estava protegendo meu sensível nariz. Já te falei mais de uma vez que não gosto do perfume em sua roupa. Me dá coceira no nariz! — esbravejou Filomena, assoando o nariz escandalosamente.

— Me desculpe, Filomena. Mas é que minha mãe... — ia falando Leonardo, tentando explicar, quando foi interrompido bruscamente pela Filomena.

— Tá, tá, tá! Eu sei! Sua mãe adora colocar aqueles produtos que deixam suas roupas cheirosinhas e você não tem culpa. Já te disse, sua mãe é superprotetora. Ela exagera nessas coisas de limpeza pra deixar suas roupas todas fofas e perfumadas... blá blá blá! — comenta Filomena não fazendo reservas em expor seu incômodo.

— Mas beleza! Tudo certo! Então, como é que é? Posso entrar em minha casinha agora? Ou ainda falta algo? Vejo que já está arrumada. Posso entrar? Preciso comer minhas sementes matinais e fazer meus exercícios. Você não quer ter uma hamster gooorrrrda e estressada, não é mesmo, Leonardo? Vamos... o que está esperando! Me coloque lá. Ali no acesso principal. Na parte de baixo. Não posso começar a mostrar minha casa pelo meu quarto, não é? Tenho segredos lá! — diz Filomena, dando orientações explícitas de como quer iniciar a apresentação.

— Ah, e antes que eu esqueça. Que ideia foi essa de falar pra sua mãe que está fazendo uma experiência social comigo? Não estou entendendo! Você vai me usar como objeto em uma experiência social? É isso? Você não combinou nada disso comigo! Você por acaso sabe se eu estou a fim de participar dessa sua experiência? — emendou duramente Filomena, se impondo.

— Tá bom, desculpe princesa! — respondeu Leonardo, bastante sem jeito!

— Epaaaa... pode ir parando com essas intimidades! Meu nome é Filomena! FI-LO-ME-NA! Não me venha me chamando de princesa! Vamos manter a formalidade aqui. Somos bons colegas e nada mais. E ademais estamos em seu escritório, não é? Se você começar com essas intimidades vão pensar o que da gente? — chamou a atenção Filomena, colocando as coisas em seus devidos lugares. — E fique sabendo que ainda vou pensar se quero participar nessa sua experiência social, mas só depois de fazer meu desjejum, tá certo? — se impôs novamente Filomena, mostrando quem está no comando ali.

— Certo então... — disse Leonardo, meio contrariado!

— Certo então... nhá, nhá, nhá... — arremedou Filomena. — Me coloca de uma vez lá na entrada, Leonardo! Com cuidado, por favor! — ordenou ela.

— Vamos começar por aqui então... ham, ham, haaammm ... — preparou ela a gargantinha.

— Apresento para vocês a minha Estação de Trabalho aqui no escritório... posso chamar minha casinha assim, né Leonardo? Afinal estamos em um escritório e por aqui o local onde as pessoas ficam trabalhando é chamado de Estação de Trabalho, certo? — pergunta Filomena.

— Sim, claro! Esta é a sua Estação de Trabalho, Filomena! Fiz o melhor que pude para deixar tudo de primeira para você. — responde Leonardo com orgulho.

— Certo, certo, Leonardo. Pode deixar comigo agora! Então como eu estava dizendo o Leo... digo, o Leonardo, quis fazer esse agrado para mim, pois eu estava ficando meio entediada lá em casa, sabe? O dia inteiro por lá... meio de bobeira... só com minha vidinha básica... a maioria do tempo sozinha... só comendo sementinhas, fazendo ginástica, tomando banho no pó de mármore, me divertindo... estava ficando até meio depressiva, sabe? É que tem aquele intrometido do Bóris. Um cão pug que... — ia emendando Filomena, quando Leonardo a interrompeu.

— Filomena... por favor! Podemos pular essa parte e ir em frente de uma vez? — chamou a atenção Leonardo, pois ela é impossível e tem verdadeira implicância com o Bóris.

— AI LEONARDO! Não pressiona! Credo! Que mandão você é! Você é assim com todas as pessoas que trabalham aqui no escritório também? Nossa... bem, *whatever*. Ah! Para quem não conhece muito bem inglês, *whatever* quer dizer "tanto faz", mas no contexto aqui eu usei mesmo como "não importa", ok?

— Bem... e continuando... aqui é a entrada principal de minha casa, ou melhor, de minha Estação de Trabalho, aliás é a única, e no caso é este pequeno túnel laranja transparente mesmo, que só me deixa entrar, mas não me deixa sair. Já falei pro Leonardo que vou querer uma portinha que me permita sair também, lá na parte de cima, ao lado da área de lazer. Mas até agora nada, não é mesmo, Sr. Leonardo? — fala Filomena, cobrando seus pedidos.

— Bem, será que a gente pode falar da portinha depois, Filomena, por favor? — interveio Leonardo, senão começaria uma discussão interminável.

— Leonardo, Leonardo... só estou vendo você colecionar promessas e mais promessas... vou cobrar todas elas hein? — alertou Filomena, falando bem séria.

— Bom, depois que eu entro pelo tubo laranja já estou na varanda. Gosto de vir aqui quando quero observar as coisas por outro ângulo. A visão é bem ampla. Consigo contemplar as pessoas de uma perspectiva bastante engraçada vistas de baixo para cima, ha ha ha... bem, esta é a parte mais baixa de minha Estação de Trabalho. A partir daqui eu posso ir direto para a sala de ginástica, basta subir este longo tubo verde limão à minha esquerda. Agora, se eu estiver com fome, como agora, por exemplo, posso ir para a copa. Me acompanhem... o acesso é por este outro tubo amarelo, aqui ao centro. Lá são servidas minhas refeições. Sempre balanceadas com sementes selecionadas. Eu tenho estômago muito sensível, sabe? — disse Filomena, já acelerando um pouco mais as coisas. Ela está faminta!

— Agora se eu estiver muito a fim de uma atividade mais agitada, posso pegar o elevador automático e ir direto para a área de lazer, lá no alto, onde posso desfrutar de uma deliciosa piscina de bolinhas coloridas e ao lado tem minha pista de dança. É tudo automático, basta entrar e o elevador sobe. Quando chego lá em cima, tudo é automático também, pois eu entro e já começa a tocar minha *playlist* e o globo da iluminação começa a girar. É muito show! Sou vedete, né? — diz Filomena empolgada com as possibilidades. — Ah, para quem não domina esse jargão mais tecnológico, *playlist* é a minha seleção de músicas favoritas. Só as mais agitadas que eu gosto. — conta Filomena muito animada.

— Certo. Agora vou para a copa, pois estou faminta! Bem, me acompanhem, pois eu subo este tubo azul aqui ao centro... viro mais para cima... rolo para direita... depois para esquerda e *voilà*... chego na copa. Ah, para quem não é versado em Francês, *voilà* quer dizer "é aqui". — completa Filomena, sem esconder a decepção ao chegar na copa.

— Ei, Leonardo. Que piada é essa? Cadê minha refeição? Você quer me ver desnutrida, cadavérica, passando fome? Vou ter que te denunciar para a SPA. Ah, para quem não sabe ou não é versado nessas acrossemias avançadas, SPA é a Sociedade Protetora do Animais. Ah, para quem não sabe o que é acrossemia... — Leonardo a interrompe!

— Filomena! Chega de dar espetáculo, por favor! Calma que eu trouxe sim sua refeição, só não coloquei na copa ainda! Calma! Você pode esperar só um pouquinho? — disse Leonardo, para acalmar a danadinha, enquanto chamava sua assessora Lucy.

— Lucy, por favor, pode me entregar aquela caixinha que pedi para trazer hoje mais cedo lá do meu carro? — pediu Leonardo, gentilmente.

— Hummm... quem é essa aí? Lucy, é? Morena bonita ela hein? Olhos verdes... — fala Filomena, querendo entender a relação entre Lucy e Leonardo.

— Filomena, por favor, não me faça passar vergonha. Ela é minha Assessora, colega de trabalho, ok? Nada mais! — falou Leonardo, meio que sussurrando.

— Bem... aqui está sua refeição bem balanceada, com um mix de cinco tipos de sementes e nutrientes espetaculares. — anunciou formalmente Leonardo, apaziguando a situação.

— Tá bom! Obrigada! E agora me dá licença uns minutos? Vou comer algumas sementinhas. É rapidinho. Nós hamsters somos rápidos e muito acelerados. Só uns minutinhos e já continuamos o *tour*, tá certo? Ah, para quem não é versado em inglês, *tour* é um passeio guiado. Já já continuamos, ok? — disse Filomena, recolhendo-se para seu desjejum com cinco tipos de sementes e nutrientes espetaculares.

— Desculpa pessoal. A Filomena é bem espirituosa e ficou um pouco estressada nesta manhã, sabe? Mas ela já vai melhorar. Assim que acabar seu desjejum ela ficará bem mais tranquila. — disse Leonardo, bastante sem jeito!

— EU TÔ OUVINDO TUDO, LEONARDO... — falou Filomena, bem alto enquanto já roía suas sementinhas.

— Bem, vamos dar um pouco de privacidade para ela e já voltamos para o continuar o *tour*. Tá bom? — falou Leonardo, para o pessoal em êxtase e que queria ouvir muito mais da Filomena.

↑

FILOMENA

Leonardo tem uma mente muito pródiga.

Ele está pouco seguro se a abordagem pensada pode ser a melhor para apresentar a Filomena aos seus colegas e sabe também que se deixar ela muito à vontade vai ser uma revolução, podendo até assustar algumas pessoas. As características de originalidade, espontaneidade e agitação da Filomena podem incomodar quem não estiver acostumado a ver um animalzinho tão elétrico correndo de forma alucinada por seus tubos coloridos, corredores e fazendo atividades em sua roda de exercícios, divertindo-se na piscina de bolinhas, usando elevador e dançando numa pista de dança privativa e tudo mais. Um espaço altamente lúdico... estimulante... interativo... mágico!

Leonardo também tem um pouco de receio em relação à sua própria reação ao receber as críticas, comentários ou observações de seus colegas e como fará as devolutivas sem rodeios e sem filtros. Para retomar a essência criativa, a espontaneidade das pessoas precisa ser recuperada. Falta de objetividade não tem lugar. É uma nova ordem.

Porém, antes de tudo, Leonardo está mesmo é questionando se todo o frenesi que causou entre seus colegas e demais pessoas na empresa não possa ser talvez um sinal de alerta para que ele recue e deixe tudo de lado. Que talvez ele deva mesmo recolher tudo e ir embora para casa com a Filomena.

Ele vê também o outro lado; se ao contrário, as reações observadas não seriam um verdadeiro sinal verde para que aproveite a grande movimentação e faça uma grande reviravolta que impulsione e potencialize seu desejo de transformar começando com a etapa de chamar a atenção das pessoas para sensibilizar, o que aliás, ele acaba de conseguir.

Por que a pergunta que na verdade está na mente do Leonardo agora é: "Mas o que me dá o direito de impor aos meus colegas, à minha Diretora e a todos na verdade, uma abordagem tão inusitada para estimular a imaginação e a criatividade deles na empresa, incluindo a mim mesmo nesta empreitada? Será que eles querem isto, precisam disto e aceitam isto?".

Claro! Leonardo não perguntou previamente se eles queriam algo inusitado para estimular suas mentes, se estão insatisfeitos com alguma coisa, se querem mudar seu nível de felicidade no trabalho. Ele está de fato, forçando a barra[30] com todo mundo.

Mas ao mesmo tempo Leonardo se pergunta: "... será que se eu não tomar a iniciativa, alguém, em algum momento, por algum acaso do destino, irá se preocupar verdadeiramente em buscar a melhoria da forma como o trabalho é realizado? De fazer com que as relações humanas dentro da empresa sejam melhores refletindo diretamente sobre sua própria relação com o trabalho?".

As dúvidas que estão povoando a mente do Leonardo são importantes para forçar o raciocínio e buscar com ele caminhos alternativos e novas possibilidades, ou seja, inovar.

As dúvidas em si não são ruins... pior é não tomar uma boa decisão.

Quando Filomena se projeta na mente do Leonardo e isso é feito considerando qual seria a perspectiva de uma pequena hamster, ela se transforma em uma vedete sim. Ela é um ser que tem um comportamento primordial com muito a ensinar. Suas necessidades, sua busca por atividade constante e a realização do próprio sentido para sua breve existência que se resume a se alimentar, se exercitar e se reproduzir.

Um pequeno ser que é simples pela sua própria natureza, mas quando é visto pela nossa perspectiva humana pode ganhar uma expressão de elevada complexidade, podendo transmitir ensinamentos e levar a reflexões que pela mente do Leonardo ganham contornos fantásticos. O desafio dele é fazer com que seus colegas percebam tudo de forma simples.

Nas reflexões que ele faz secretamente em sua mente, lampejos de situações que ele cobraria de si próprio aparecem na forma de uma voz da própria Filomena falando para ele, como se ela fosse o alter ego[31] de Leonardo.

Dessa forma, Leonardo assume a perspectiva da pequena hamster que está agora sossegada comendo suas sementinhas. Ele a observa e reflete em seus pensamentos... em como seria ela falando sobre ele para as pessoas, em uma entrevista, como um daqueles personagens de documentários no qual são gravados depoimentos.

— Enfim um pouco de sossego para comer minhas sementinhas. Preciso comer com muito cuidado. Ai que fome! — diria Filomena, seguindo seu instinto de alimentação para sobrevivência.

— Vou falar para vocês agora. Aqui entre nós apenas tá? De verdade mesmo! Eu gosto do Leo! Ele arruma minha casinha, me dá comida, cuida de minha saúde, de minha segurança, de meu conforto e se preocupa comigo. — diria Filomena, pois ela se preocuparia comigo.

— Mas ele é meio pancada às vezes. Onde já se viu? Trazer-me aqui para o escritório para trabalhar junto com ele todos os dias como se eu fosse uma espécie de salva pátria para os problemas dele aqui na empresa. Eu ajudo com as paranoias dele, sem problema nenhum, mas lá em casa! Agora, me trazer aqui para a empresa? Achei muita ousadia da parte dele. Ele vai acabar arrumando confusão! Aliás, na verdade acho que já arrumou e não foi das pequenas! — diria Filomena, sem filtros, puxando minha orelha mesmo!

— Ora, me poupe! Tudo bem, eu sei, devo ver o lado positivo das coisas. Pelo menos não tenho que ficar o dia todo aturando o Bóris. Tá aí um cãozinho bonitinho, mas abusado! Onde já se viu: marcar território bem na base de minha casinha, lá em casa! Lá é minha área. Lá eu sou a vedete! Ele é só... um cãozinho mesmo! — desabafaria Filomena.

— Mas eu entendo o Leo. Tadinho! Ele tem um pouco de dificuldade em entender ou aceitar certas coisas ou certos conceitos. Mas estou mostrando a ele o melhor que posso. Pelo menos pela minha perspectiva hamster que, aliás, é muito superior à capacidade de um executivo na posição dele. — debocharia Filomena, lembrando que um ser primordial pode perceber muito além do que um ser humano.

↑

Mas a verdadeira grande questão que incomoda Leonardo é elucidar essas dúvidas e explicar para seus colegas como a observação de uma pequena hamster num habitat artificial poderia transformar o seu próprio dia a dia, o dos seus colegas, da sua Diretora e da empresa como um todo.

Por exemplo, pela visão primordial, uma hamster em sua casinha irá procurar a área de repouso quando estiver cansada, a área de alimentação quando tiver fome, a área de exercício quando estiver excitada e as demais áreas conforme explore aquele microverso criado ali. Serão respostas do animal aos estímulos que recebe do ambiente, chamadas de respostas estimúlicas. É um comportamento padronizado, condicionado e não se modificará, pois é parte da natureza do pequeno animal. É seu instinto e ele responderá sempre assim.

Se olharmos como as respostas aos estímulos acontecem numa organização empresarial, ela também está sujeita a fenômenos similares e responderá a eles de forma estimúlica mantendo um padrão. O que muda é a complexidade dos eventos relacionados.

Por exemplo, o fenômeno que representa aquilo pelo que as empresas procuram constantemente, ou seja, obter bons resultados e lucro, só será alcançado quando a empresa contar com recursos adequados e que representem o menor risco possível à sua operação. As variáveis da equação são os próprios recursos e os riscos inerentes à sua aplicação[32].

Se a empresa não encontrar os recursos adequados para realizar seu propósito, — também conhecido como entrega de valor — com um nível de risco que seja aceitável para ela e assim obter os resultados que deseja, ela pode decidir por simplesmente interromper sua oferta de produto ou serviço. Para equilibrar a balança do risco versus resultado, a empresa pode optar por recursos que reduzam os riscos, contratando especialistas mais bem qualificados, por exemplo. Há também a possibilidade de transferir os riscos para terceiros. Isto se dá normalmente através de um seguro ou de um contrato de terceirização. Todas são formas de persistir para prosseguir com o negócio.

Pela perspectiva de um ser primordial, como os recursos seriam percebidos e tratados? No caso, pela Filomena.

— Nós, hamsters, por exemplo, não temos nenhum problema com relação a recursos, pois é tudo muito simples! Recursos importantes são os que nos permitem sobreviver e isso consiste em subsistir. Todo o resto é supérfluo, portanto, totalmente passível de descarte ou substituição imediata. — diria Filomena, sobre a subsistência hamster explicando a diferença entre recursos e supérfluos.

— Já sobre os riscos, se estamos na natureza ficamos em nossas tocas para nos proteger de predadores e das intempéries. Quando estamos no cativeiro, os riscos maiores são o estresse e para isso temos a roda de exercício. Ela não é supérflua, pois precisamos liberar a energia de nossa excitação ou surtamos e começamos a morder tudo, até nosso dono. Faz parte de nossa essência hamster ser e agir assim. — lembraria Filomena sobre um componente de sua natureza primordial cuja estimativa de vida é de aproximadamente três anos e meio.

↑

Ainda pela perspectiva de uma visão mais primordial, para algumas empresas, bons resultados vão muito além do lucro puro e simples! Para elas os resultados serão considerados bons quando conseguirem reunir uma combinação de benefícios diretos e indiretos para todos os envolvidos no processo. Clientes, fornecedores, funcionários, acionista, prestadores de serviço, sociedade e os recursos naturais. Todo o ecossistema precisa ser beneficiado ou a equação do resultado não fará sentido. Lucro pelo lucro é muito pouco, é muito pequeno e limitado...

Sobre esse aspecto e pela perspectiva primordial de um executivo, como isso seria percebido e tratado? No caso, pela mente do Leonardo aos olhos da Filomena.

↓

"Se bem que, pensando melhor, essa forma de ver os resultados pode ser difícil de entrar na cabeça de muito diretor de empresa por aí. Acho que minha Diretora pode estar entre esses, mas é assim mesmo, nem tudo pode ser como gostaríamos.", reflete Leonardo, entre seus momentos e pensamentos que oscilam pela perspectiva primordial da Filomena e sua própria.

— Outra coisa que o Leo parece não entender muito bem, mas a mãe dele entende muito bem, é que no mundo dos hamsters um bom resultado consiste em uma casinha espaçosa, painas fofinhas para que possamos roer e nos enrolarmos nela, poder se movimentar por caminhos e corredores que sejam desafiadores e que nos levem em todas as direções, ter espaço para fazermos exercícios, uma boa alimentação, uma boa área de descanso e é claro, a possibilidade de nos reproduzir. Isso é parte de nossa essência como recursos e ativos que somos. Assim ficamos bem, nos sentimos bem, as empresas que fabricam nossas casinhas ficam bem, os produtores que produzem nossos alimentos e remédios ficam bem, conseguimos ficar felizes e deixamos nossos donos felizes. — ensinaria Filomena, considerando o que é um bom resultado para ela, pela perspectiva de um hamster.

"Então, as empresas que funcionam assim, ou seja, que mantém a responsabilidade integral em relação aos bons resultados, só terá esse comportamento se o seu corpo diretivo pensar assim e agir assim. Como é difícil fazer isso entrar na cabeça de minha Diretora; que a culpa não é da empresa, nem dos funcionários, mas de sua direção. Se a Diretora não estimular e apoiar que seus funcionários comemorem os resultados das conquistas obtidas em todas as áreas, não é porque a empresa não quis, mas sim, porque ela não está olhando com responsabilidade para que o sentimento de conquista seja evidenciado.", reflete Leonardo, perturbado com o que percebe das pessoas na empresa.

— Um hamster geralmente tem apenas dois donos durante sua vida, que aliás é extremamente breve se comparada à vida humana, cerca de menos de 4% em média. O primeiro dono é aquele que cuida de nossa reprodução em cativeiro para o comércio e o segundo é quem nos compra para sermos seu bichinho de estimação, seu pet. Nesse período se o segundo dono não cuida de nós adequadamente, mantendo todo o cuidado para que nosso ambiente artificial tenha um bom resultado para nós, não temos opção, ficamos com elevado nível de estresse e saímos roendo tudo que estiver ao nosso alcance. — lembraria Filomena, sobre o destino e comportamento primordial de uma hamster.

"Então, por essa perspectiva, eu preciso fazer minha Diretora entender de uma vez por todas que as empresas necessitam que tudo, absolutamente tudo, esteja sob controle. Só assim as coisas funcionarão bem. As coisas precisam funcionar e estar em equilíbrio. Ainda que esse equilíbrio seja mantido artificialmente. Não tem problema! Precisa apenas que tudo funcione bem! Por exemplo, ao trazer para cá minha pequena Filomena e sua casinha, sem ter falado com minha Diretora, por mais que essa atitude tenha sido forçada da minha parte, estou arrumando problemas para que todos nós na empresa possamos sair da zona de conforto na qual nos instalamos e passemos a olhar como organização, novas formas de transformar nossa operação. Precisamos que as pessoas estejam felizes ao criar coisas novas ou a estagnação irá se instalar de forma irreversível.", pondera Leonardo em seus pensamentos.

↑

A mente de Leonardo continua acelerada buscando a melhor forma de abordagem com a Filomena e sua casinha frente a situação que ele criou. Como ele apresentaria tudo aquilo? Que desafios ele traria para seus colegas e para a empresa como um todo? Como esse rico universo que representa o pensamento primordial e os paralelos metafóricos pode ganhar significado na compreensão do ecossistema organizacional?

↓

— Filomena! Terminou? Podemos continuar o tour? — disse Leonardo, com jeitinho.

— Sim, Leonardo. Podemos! Vou seguir de onde paramos antes de minha pausa, tá certo? Bom, depois de fazer minha refeição aqui na copa tenho várias opções: posso voltar para a varanda ou ir para a sala de banho ou pegar o elevador para a área de lazer. Hamsters adoram tomar banho, mas é banho de pó de mármore e não de água. Aliás não gostamos muito de nos molharmos, sabe? Vamos para a sala de banho? — convida, Filomena.

— Ops... — deixa escapar Leonardo, sem querer.

— Ops? Que ops? Leonardo! Cadê o pó de mármore em minha sala de banho? Você não trouxe ainda? Leonardo assim não dá! Você se esquece de minhas necessidades mais básicas, Leonardo! Eu sou uma vedete, uma estrela, Leonardo! Você quer que eu fique com meus pelinhos amassados e feios? Quer? — disse Filomena, esbravejando e batendo os dentinhos. Hamsters fazem isso quando estão nervosos.

— Sabe o que é, Filomena? Como você voltará para casa comigo todos os dias no final da tarde, você pode tomar seu banho em casa, bem mais à vontade. — disse Leonardo, tentado amenizar e apaziguar a situação.

— Vou pensar nisso, mas não quer dizer que já concordei, tá certo? Falaremos disso depois! Bom, vamos continuar então... saindo da copa pela única saída possível que não seja para a varanda, ou para a sala de banho, que está incompleta... vamos chegar aonde então? Vamos lá... ah! Na sala de ginástica! Beleza! Aqui vocês podem ver minha roda de exercício aeróbico. Adoro passar algum tempo aqui. Quando estou na roda fico divagando, pensando na vida, filosofando sobre o jeito hamster de ser, achando respostas para os problemas que o Leo... — dizia Filomena, quando Leonardo a interrompeu.

— Bom, Filomena, vamos deixar isso para lá né? Não quer mostrar seu quarto? — interrompeu Leonardo, meio sem jeito.

— Tá certo! Agora, descendo para esta área mais reservada, sigo esse tubo vermelho bem longo, direto e chego ao meu quarto. Aqui tenho uma cama com painas fofinhas onde posso me enrolar e repousar, afinal não sou de ferro! Preciso repousar entre as minhas refeições e entre minhas atividades aeróbicas. Quando estou por aqui, costumo meditar e refletir sobre os problemas hamsters que aparecem. São tantos! Se vou comer, se vou me exercitar, se vou para a pista de dança, se vou ao banheiro, se vou roer alguma coisa para deixar meus dentinhos no tamanho certo, se vou explorar o mundo lá fora e correr alguns riscos, viver algumas aventuras... — começa a divagar Filomena.

— E pegando esse elevador tenho acesso a esta outra parte aqui onde está a área de lazer. Gosto muito de passar algum tempo aqui. Tem uma piscina de bolinhas coloridas que é muito divertida e a pista de dança com iluminação e uma playlist irada... — se exibe Filomena.

— Bem é isso! Esta é minha casinha, mas aqui no escritório é minha Estação de Trabalho. — disse Filomena, já encerrando o tour.

— E o restante, Filomena? — perguntou Leonardo, querendo que ela continue.

— Tá bom, tá bom, Leonardo. Se você insiste! Bom, tem esta outra área descendo a partir de meu quarto. Entro nesse tubo rosa que é onde satisfaço minhas necessidades fisiológicas. É o banheiro mesmo! Tem essa areinha que é bem fofa e é aqui que... bom, nada de novo. E ligado ao meu quarto na parte mais alta, está a cobertura, que como estou constatando, ainda está sem a saída que pedi, né Leonardo? — destaca Filomena, sem fazer cerimônia.

— Depois resolvemos isso sobre a saída. Obrigado, Filomena. Muito instrutivo o tour por sua Estação de Trabalho. — disse Leonardo, encerrando a apresentação.

— Depois, depois... isso de depois tem nome, Sr. Leonardo, se chama procrastinação. Mas ok, por enquanto! Depois falamos disso quando chegarmos em casa! Tá certo? Bem... disponha! Estarei por aqui, mas só lembrando que você ainda tem problemas muito maiores para resolver do que minha sala de banho e minha portinha de saída lá na cobertura. Boa sorte! — finalizou Filomena.

↑

Leonardo com sua mente privilegiada fez o exercício reflexivo. As possibilidades de apresentar a Filomena e sua casinha são muitas. Ele quer usar isso para estimular as pessoas na empresa a olharem para tudo que as cerca. Fazer isso de uma forma mais simples e direta poderá ser a melhor saída? Seu desafio é encontrar as respostas que sejam ao mesmo tempo simples e diretas para os desafios do dia a dia corporativo.

DIRETORA

Leonardo já esteve muitas vezes na sala da sua Diretora. Ele nunca teve uma agenda permanente, recorrente ou algo assim. Sempre que precisava realizar algum alinhamento ele aparecia por lá e se falavam, geralmente em agendas muito rápidas.

A sala dela é bastante ampla com pouco mais de 100 m². Quando qualquer assunto é levado até lá para ser discutido, parece que a sala fica pequena frente ao gigantismo que os assuntos ganham ao serem discutidos com a Tereza.

A decoração da sala é sóbria. Há um quadro de arte abstrata na parede atrás da mesa da Diretora, painéis com frases de gurus da administração clássica e contemporânea espalhados estrategicamente pelas paredes e uns poucos objetos discretos de decoração com inspiração neoclássica. A luz natural destaca esta sobriedade sem deixar de revelar a flagrante e impecável ordem e limpeza do ambiente como um todo.

No balcão de apoio que fica num dos lados da sala, próximo à mesa da Tereza, acumulam-se prêmios recebidos em reconhecimento pela excelência empresarial e profissional. São troféus e placas de homenagem colecionados ao longo dos mais de vinte anos dedicados à empresa. Vê-se ainda livros, muitos deles recebidos como presente. Porta-retratos também fazem parte da decoração com fotos onde ela está ao lado de celebridades do círculo social no mundo corporativo do qual participa. A maioria foi feita durante suas viagens a eventos, premiações e outras homenagens recebidas de entidades empresariais e profissionais.

Num canto da sala há um balcão com café, chá, água, sucos e biscoitos variados. Self service! O ambiente como um todo é aconchegante e amistoso. E o aroma, o mesmo da recepção, é suave, calmante e muito agradável.

Nesse clima de equilíbrio, tranquilidade, paz e harmonia, um vulcão parece entrar em erupção, trazendo de carona um terremoto que faz estremecer os vinte e cinco andares do edifício, quando a assessora da Diretora, senhorita Stella, traz a notícia da atitude que Leonardo tomou e as repercussões já percebidas dentro e fora da empresa.

"Já são quase 11h00 da manhã de um expediente que começou pouco antes das 8h30 e vejo que minha Diretora está enfrentando uma segunda-feira bastante agitada. E agora vai ter que lidar com mais uma situação crítica. Eu desconfiava que o Leonardo iria aprontar. Quando ele saiu daqui mais cedo hoje, após falar com a Tereza, ele não quis se abrir comigo. Minha recomendação para que ele não enveredasse por nenhuma nova façanha parece não ter surtido efeito. Bem, se nem a ordem direta da Diretora fez ele mudar seu curso de ação, não seria minha recomendação que teria esse efeito.", pensava senhorita Stella, enquanto Tereza, contrariada, pensava em atitudes drásticas em relação ao Leonardo.

— Senhorita Stella, eu não acredito que o Leonardo teve a petulância de não seguir minha orientação! Será que ele está ficando louco? Será que precisa ser internado? Sei lá... esse menino só arranja confusão! Com tantas coisas que eu tenho para resolver. Eu não posso estar em todos os lugares o tempo todo. Afinal é para isso que tenho coordenadores, supervisores, gerentes e muitos bons funcionários, e é bom que se diga, todos com salários bem acima da média de mercado... eles estão aí para resolver o que for necessário, não para me trazer problemas! — diz Tereza bastante alterada.

— Calma, Tereza! Tenho certeza que ele não fez por maldade! Executivos jovens são inventivos mesmo! Eles querem transformar tudo que tocam. E o Leonardo já tem um histórico de conquistas aqui na empresa. Ele certamente tem suas razões para o que fez. É cultural. — ponderou a senhorita Stella, tentando acalmar os ânimos da Diretora.

— Cultural? Cultural? E a cultura e imagem da nossa empresa, como é que fica? E como vou fazer agora? Já está tudo na intranet da empresa. Olha aqui... olha só... — diz ela mostrando a tela de seu smartphone. — É o fim da picada! Olha estas hashtags: #GerenteCorajoso #Filomena #GerenteMaluco #BrinquedoNovo #Workaholic #DesafioFilomena #Filomena #VivaFilomena #Filomena... não estou entendendo nada!

— E o que é isso de Filomena? O Leonardo está fora de centro em suas ideias, NÃO É POSSÍVEL... — grita Tereza, incrédula no que está vendo.

— A coisa toda pode ser maior do que pensamos, pois já está na Internet também, Tereza. Já extrapolou a intranet da empresa! — Fala senhorita Stella.

— O quê? Quer dizer que está visível para fora da empresa também? Na Internet? — perguntou incrédula.

— Sim, isso mesmo!

— Não acredito... — diz ela enquanto abre as redes sociais pelo seu smartphone e vê que estão inundadas de mensagens falando do Leonardo. — É mesmo, olha aqui! Nossa! Já tenho mensagens de alguns amigos empresários me perguntando se o parque estará aberto para visitação pública! Ai, que ódio do Leonardo! Já sou motivo de piada! — vociferou Tereza, neste momento motivo de piada de amigos e colegas.

— Ah e está rolando uma live também... — acrescenta, senhorita Stella para completar.

— Live... está tendo até live?! Deixa ver... onde? — Tereza procura alucinada nas mídias sociais em seu smartphone. — Olha aqui, uma live vindo de nossos escritórios... estamos ao vivo para todo mundo, sendo motivo de piada... olha lá, olha lá... o Leonardo... e tem um monte de funcionários olhando o que ele está fazendo. O que ele está fazendo? O que é aquilo na mão dele? Ele tá com algo na mão! O que é aquilo? Um rato? Senhorita Stella, mas que loucura é essa? Ele endoidou de vez... — jogou-se em sua cadeira Tereza, a ponto de ter um ataque de nervos.

— Tereza, vamos manter a calma, está bem? Eu também estou estupefata com essa atitude do Leonardo e as repercussões que está causando, mas tenho certeza que podemos reverter isso tudo a nosso favor, pode apostar. Estou com algumas ideias. Vamos pensar juntas um pouco e tudo se acertará. — disse senhorita Stella tentando acalmar Tereza, que ficou muito alterada em seu equilíbrio que já é naturalmente delicado.

— Quero só ver! Quando eu o pegar, eu vou... — continuava Tereza, quando foi interrompida pela senhorita Stella.

— Na verdade, recomendo fortemente que nada seja feito agora. Calma, elegância e serenidade é o que precisamos neste momento e para os próximos passos. — recomendou senhorita Stella, preocupada com as consequências que atos passionais pudessem desencadear, piorando ainda mais a situação como um todo além da imagem da empresa.

Senhorita Stella é astuta e consegue ver mais à frente. Sua forma de considerar uma situação é holística e integrada, tal qual Leonardo.

"Até este momento, ninguém sabe que o Leonardo foi orientado a não seguir com a iniciativa. Apenas Tereza, Leonardo, eu e provavelmente a Lucy sabemos disso. Podemos usar essa informação restrita a nosso favor e em proteção da empresa. As iniciativas disruptivas que já foram tomadas pela Tereza também podem ser um bom pano de fundo que precisamos para isso.", pensava a senhorita Stella, numa sugestão de abordagem para equacionar a crise de imagem que se instalava.

— Tá bom! Tá bom! Já vou me acalmar! Por favor, senhorita Stella, me consiga um copo d'água com açúcar e avise o Leonardo para vir aqui na minha sala. Vamos conversar e resolver isso de uma vez. Ah, e peça para ele trazer aquele bichinho com ele também. Quero ver o que ele terá a dizer sobre tudo isso! Me dê pelo menos uns quinze minutos para eu me recompor. Ah, e antes que eu esqueça, transfira os meus últimos compromissos desta manhã para a parte da tarde. — pediu Tereza para senhorita Stella.

Sozinha em sua sala, ela começa a refletir...

"Caramba, como eu sofro com o Leonardo. É muito difícil encontrar recursos que possam resolver a difícil equação da obtenção de resultados. Lidar com pessoas é muito complexo. Mas eu sei o porquê disso. É que diferentemente das máquinas, equipamentos e sistemas de automação, as pessoas podem pensar. O problema, para meu desespero, e em tudo sempre há pelo menos um (problema), é a forma como algumas pessoas pensam. Ela nem sempre é benéfica ou está bem alinhada com aquilo que buscamos nas empresas. Achar bons funcionários que tenham aptidão para determinados tipos de trabalho é um desafio enorme. Por vezes quem realmente teria que pensar, não pensa ou pensa errado, e quem não precisaria pensar muito, na verdade nem deveria pensar, mas apenas fazer o esperado delas de acordo com os processos da empresa, teima em pensar...", reflete Tereza sobre a complexidade de sua função.

"Que difícil... é uma equação complexa, mas é parte de minha missão como Diretora Geral. CEO, que sigla mais poderosa e intimidadora. Chief Executive Officer. Olha só o que eu aceitei ao sair de minha tranquila função anterior há cerca de cinco anos lá na Diretoria de Marketing e Produtos e assumir esse desafio aqui: *Ser a principal posição da organização e responsável pela implementação de planos e políticas existentes, garantindo o gerenciamento bem-sucedido dos negócios e definindo a estratégia futura.*", continuava refletindo ela.

"Em resumo só preciso garantir que as diretrizes organizacionais sejam cumpridas para que tudo funcione bem, administrar as crises de todo tipo e claro, tentar não surtar no processo. O maior problema é que parte do perfil básico do bom recurso humano precisa equilibrar elementos tão diversos como capacidade de refletir criticamente, vontade de trabalhar, ter o domínio técnico necessário, acumular alguma experiência profissional e ter capacidade de utilizar todo esse conjunto de competências e habilidades para trazer os resultados que nós precisamos, mas eu acho que isso ainda não é o pior...", considera ela, sobre o perfil dos profissionais da empresa.

"Tem ainda a questão da (in)dependência e da capacidade de atuar sob certas diretrizes. Em minha experiência, sempre achei que pessoas mais independentes podiam ser excelentes para atuações complexas, enquanto pessoas mais dependentes seriam melhores para seguir processos.", pensava ela sobre o perfil que percebe no Leonardo e na senhorita Stella.

"Com o passar dos anos aqui na empresa tenho observado que isso não é uma regra geral. Percebo que as pessoas independentes podem ser excelentes na execução de processos mais rígidos. Eu acho que isso se dá devido ao fato delas terem uma visão que tende a ser mais crítica sobre as coisas. Elas podem perceber mais facilmente as interdependências que estão presentes nos processos os quais são muito sensíveis e por isso sabem da importância por trás dos mesmos e se esforçam fortemente para seguir tudo à risca. Arriscaria minha carreira por isso!", pensa ela sobre os perfis que gosta de ter ao seu lado.

"Por outro lado, tenho visto que pessoas dependentes demonstram uma tendência a serem muito mais rígidas nas questões relacionadas aos indicadores e ao cumprimento de etapas bem definidas. Assim elas se saem muito bem quando o assunto é enfrentar desafios que requerem orquestrações complexas.", analisa Tereza, refletindo sobre os desafios dos papéis na empresa.

— Senhorita Stella, eu não consigo determinar em qual perfil o Leonardo se encaixa. Ao mesmo tempo que ele é independente em seus pensamentos, o setor que ele gerencia é o que melhor segue os processos e tem o menor índice de não conformidades. Porém, quanto a seguir diretrizes... ele não é um bom exemplo. Precisamos que nossas diretrizes sejam respeitadas. Isso é muito importante para a empresa... é uma condição importante da qual não podemos abrir mão. — argumenta Tereza.

— Veja, por exemplo, quanto recurso humano e financeiro tivemos que investir para definir e consolidar nossa missão, visão e valores que estão na base da nossa estratégia corporativa. E para amadurecer nossos processos então... também foi um enorme esforço e investimento. Agora vem o Leonardo, de novo, e ignora tudo! Não entendo esse rapaz... é como se ele tivesse dizendo a todos que nossos processos não têm importância... — pensa em voz alta Tereza numa descrição retórica querendo buscar uma abordagem sobre a situação da empresa, tentando entender o porquê de Leonardo agir dessa forma.

— Bom, já avisei a Lucy, assessora do Leonardo. Informei a ela para ele vir em uns vinte minutos. — informou senhorita Stella, interrompendo o fluxo retórico da Tereza.

— Senhorita Stella, por favor, sente-se aqui. Vamos tentar refletir juntas sobre o que faremos para debelar esta situação caótica que está instalada. — pediu Tereza, agora um pouco menos alterada.

— Você falou há pouco que teria algumas ideias de como reverter isso tudo. Pode, por favor, compartilhar isso comigo? Vamos ver se você me ajuda a encontrar uma saída para essa loucura. — disse Tereza.

A MUDANÇA DE ESTRATÉGIA

Na universidade frequentada pela senhorita Stella quando jovem e na qual concluiu com louvor sua graduação em Administração, lhe ensinaram que não há estratégia boa ou ruim, o que pode haver sim é a ausência de estratégia e quando isso ocorre o destino dos negócios e da empresa estará sendo entregue ao acaso... à sorte... e não é possível prosperar assim.

Com isso em mente ela sempre soube que para toda situação e para qualquer problema que apareça, junto sempre haverá uma solução. A diferença entre as pessoas que têm sucesso daquelas que fracassam está em saber olhar para as soluções e não para os problemas.

— Sim, Tereza. Pensei em algo aqui que pode realmente reverter totalmente a situação e nos colocar num patamar de ganho de imagem bastante importante! — começou senhorita Stella sua explanação.

— Bem, minha querida, você acaba de ganhar a totalidade de minha atenção! Qual é a mágica que você estaria nos sugerindo fazer? — falou Tereza, recostando-se em sua confortável cadeira e relaxando, pronta para ouvir sua fiel e perspicaz Assessora Executiva.

Enquanto se recostava, Tereza fitava os olhos da senhorita Stella e lançava uma energia imensa nesse olhar para tentar captar tudo que poderia sair dali como alternativa para um cenário novo. Pela perspectiva dela... bem... na verdade ela não acreditava que seria possível dar uma saída elegante para aquilo tudo. Ela inclusive já estaria cogitando submeter Leonardo a uma suspensão além de exigir dele uma retratação perante toda a empresa pelas birutices que fez. Sabidamente Tereza não é um bom exemplo de flexibilidade quando o que está em jogo são as diretrizes que ela estabelece. Houve uma vez que ela encerrou unilateralmente um contrato milionário com um dos seus principais fornecedores, porque o Executivo de Vendas daquela empresa não honrou a antecipação de parte de um lote de insumos com o que havia se comprometido com Tereza no fechamento da transação.

— Tereza, vamos partir dos fatos e do que sabemos e conhecemos. Nossa empresa tem uma imagem consolidada de responsabilidade para com a entrega de qualidade em tudo que faz. Nossa excelência é conhecida e reconhecida pelo mercado. — continuou, senhorita Stella. — Para atingir nossos excelentes índices de qualidade, credibilidade e excelência estamos constantemente nos superando e isso é também reconhecido pelo mercado, certo? — perguntou retoricamente, senhorita Stella ao que assentiu com a cabeça Tereza, mantendo-se totalmente concentrada na explanação.

— Então, Tereza, minha recomendação é que devemos aproveitar esta nossa identidade perante o mercado para darmos uma resposta nesse sentido, ou seja, que estamos colocando um novo desafio para toda nossa organização responder, pois acreditamos que precisamos nos reinventar mais uma vez. — explicou senhorita Stella... e continuou.

— Todo o inusitado cenário que o Leonardo trouxe para nós hoje, está evidenciado que funciona, pois ele desencadeou um verdadeiro movimento espontâneo dentro dos escritórios hoje que está ecoando dentro e fora de nossa empresa. Ele é o Gerente do setor de Marketing e Produtos e o responsável direto para que nossa empresa continue sendo reconhecida como a melhor em tudo que apresenta de novo ao mercado, ou seja, faz todo o sentido que seja ele também o pivô dessa grande transformação. — disse senhorita Stella e completou.

— O que precisamos agora é entender quais são as reais intenções do Leonardo com o que ele trouxe para cá hoje. Então deixa eu te perguntar, Tereza! Quando ele veio aqui falar com você hoje mais cedo, o que ele te disse exatamente? O que ele te explicou?

— Bem, primeiro ele disse que a equipe do setor dele está com a criatividade totalmente estagnada. Afirmou que eles não têm conseguido apresentar nada de efetivamente novo há muito tempo e precisava dar um choque de possibilidades em todo mundo por lá. — começou a responder Tereza, e continuou.

— Depois ele falou que tinha decidido trazer um habitat artificial para cá e que iria montá-lo bem no meio do setor dele, ocupando boa parte do espaço de circulação dos escritórios no oitavo andar gerando incômodo e cuidado extra para todo mundo. Ele disse ainda que seria algo como um Espaço Lúdico. É claro que isso me deixou louca, primeiro porque ele fez isso sem me consultar, e eu já havia dito a ele que não fizesse mais nenhuma maluquice sem conversar comigo antes. Segundo que ele trouxe para cá algo que irá incomodar o espaço de trabalho dos funcionários do setor dele, justamente onde eles precisam estar concentrados para desenvolver nossos novos produtos. — disse Tereza, já alterando seu tom. E continuou.

— E ele não me explicou o que pretendia fazer com tudo que trouxe ou mesmo como aquilo iria ajudar o pessoal dele. Ah, para constar, eu não entendo que nossos produtos estão com crise de inovação. Estamos lançando produtos de sucesso ano após ano. Os números mostram isso. — disse Tereza, pensativa depois de ter dito isso em voz alta. Parece que não soou bem.

— Bem... — começou a ponderar a senhorita Stella com calma e cautela. — Talvez você não tenha dado ao Leonardo uma chance para ele te explicar o que pretende fazer. Até porque lembro de ter ouvido você dizer a ele um CHEGA bastante sonoro e bravio, ou estou enganada?

— É verdade, fiquei bastante alterada por ele não ter compartilhado comigo previamente a intenção que tinha e não o deixei falar.

— Bom, nesse caso, assim que ele chegar aqui parece que é hora de colocar isso tudo num novo patamar de entendimento e alinhamento, claro, se você entende que a estratégia que lhe propus faz sentido. — disse senhorita Stella, animada.

— Sim, faz todo sentido. Estaremos na verdade buscando dar uma resposta inovadora para continuar criando nossos produtos! Mas temos que orientar isso muito direitinho com o Leonardo. Ele precisa estar perfeitamente alinhado com a mensagem que queremos passar a todas as pessoas. Senão podemos causar um efeito contrário. — emendou Tereza, já tendo ideias de como criar processos adequados para reverter a situação de estagnação imaginativa no setor de Marketing e Produtos, graças ao insight dado pela sua assessora, senhorita Stella.

— Quero aproveitar e ampliar a agenda. Vamos pensar na criação de novos ambientes disruptivos aqui na empresa com mais espaços de descompressão. Quero acrescentar à jacuzzi, mesas de ping pong e mesa de bilhar, mais espaços lúdicos para uso dos nossos funcionários. Só precisaremos colocar algumas normas para que as pessoas possam ter mais flexibilidade de organizar suas áreas de trabalho, deixando-as mais personalizadas e conectadas com suas preferências. Só não podemos descuidar e deixar que gerem com isso não conformidades operacionais. — já foi deliberando Tereza, animada com as possibilidades que se revelavam em sua mente.

Inicialmente Tereza estava com uma visão pessimista, caótica e desastrosa, na qual ela havia rejeitado, rechaçado, odiado, massacrado e enterrado a proposta do Leonardo. De repente tudo mudou para uma visão de manutenção da imagem de solidez, compromisso e seriedade para com seus funcionários, acionistas, clientes e sociedade.

A Diretora iria agora tentar assumir o controle total da iniciativa do Leonardo, corporificando aquilo que antes fora uma ideia de remexer com a estrutura de pensamento das pessoas em prol de uma transformação baseada no pertencimento de todos, fundada na busca da felicidade. Agora, depois de corporificado, se transformaria em algo que seria imposto, de cima para baixo, como uma obrigação para inovar e pensar fora da caixa.

Essa é a resposta primordial da empresa. Faz suas células corporativas protetoras fagocitarem[33] o desejo mais autêntico de inovação e transformação, incorporando iniciativas porque é necessário que ela esteja no controle, ainda que artificial, das coisas que devem acontecer. Novamente, Leonardo estava certo em suas reflexões.

A essência originária de concentrar na felicidade das pessoas para que assim estando, elas se sintam livres para criar, passa agora para uma força da organização em ter nas mãos o controle total de como as coisas devem acontecer. Está instituída a inovação como processo.

A empresa precisa que tudo esteja sob controle, mesmo que o controle seja prejudicial ao processo de inovação. Não dá para inovar verdadeiramente sem que as pessoas estejam felizes, conectadas aos seus desafios e totalmente desimpedidas de processos limitantes. Não dá para inovar por decreto ou por processo.

Leonardo sabe disso. Ele pensa nisso e tem sua própria estratégia para fazer as coisas funcionarem apesar dessa intenção da sua Diretora. Em nome da empresa ela precisa responder como as coisas devem funcionar. Sim, aquela resposta estimúlica que Leonardo previu.

— Tudo bem, Tereza. Porém não sabemos se é bem isso que o Leonardo realmente está buscando. —

destaca senhorita Stella, pois ela está olhando um pouco além.

— Por que você pensa isso? Sabe de algo que eu não sei? Leonardo te disse algo? — perguntou incisiva Tereza.

— Quando esteve aqui hoje mais cedo, tentei obter informações adicionais do que ele queria falar com você, mas ele não abriu nada para mim. Apenas me recordou as atitudes que ele tomou no passado e as propostas de transformação trazidas por ele que culminaram em muitos ganhos para a empresa, incluindo os excelentes indicadores de crescimento e até a mudança da sede da empresa para esse prédio onde estamos hoje. Senti que ele estava realmente decidido a fazer algo diferente.

— E depois que ele saiu da minha sala, você chegou a falar com ele?

— Sim, ao sair de sua sala, após sua negativa à iniciativa dele, percebi que ele estava abatido. Nada além disso. Ele apenas me disse: "Vou juntar o restinho de dignidade que me sobrou e tentar colar os cacos".

CAPÍTULO 2

LEONARDO

Leonardo é uma pessoa brilhante.

Mas, o que define uma pessoa brilhante? Alguém que tem a inteligência muito acima da média e é excepcional em praticamente tudo que faz? Que tem também elevadas habilidades aliadas à capacidade de atingir algumas competências que a maioria das pessoas pode levar uma vida inteira para conquistar e ainda assim ficariam no máximo boas naquilo, mas jamais seriam brilhantes?

Só para exemplificar, quem tem ouvido absoluto, ao aprender os nomes das notas musicais e suas variadas escalas, pode dizer instantaneamente qual o nome da nota musical tocada, não importa o instrumento, o tom, o timbre, a intensidade ou a altura. Pessoas com esta habilidade podem dizer qual é a nota emitida pelo pingo da chuva ao cair no chão, pelo latido de um cão, pelo vento que sopra, pela voz humana que fala, que canta, que chora ou que ri... para as pessoas com ouvido absoluto todos os sons têm um valor. Algumas dessas pessoas ainda vão além e conseguem reproduzir a sequência de sons que acabaram de ouvir como se fossem um gravador digital, podendo inclusive tirar[34] qualquer música de ouvido no instrumento que dominam.

Pessoas como Leonardo podem até ser chamadas de brilhantes, mas eu acrescentaria inquietude à sua característica, ou seja, elas não se contentam com as coisas continuarem como estão, sem melhorar, evoluir, ressignificar e transformar. Elas esperam que as pessoas evoluam em seus pensamentos, formas de ver e perceber as próprias vidas e tudo que em torno delas pode orbitar como a sociedade, o trabalho, as relações humanas, a sobrevivência e o seu próprio desenvolvimento!

Dentro do microverso que Leonardo pensou para apresentar Filomena, sua vedete, seu alter ego, ele busca entrar em um novo campo de possibilidades, pois sua mente insiste em ir mais rápido do que permite sua capacidade de articular as ações decorrentes dessa inquietude.

É uma característica das mentes brilhantes encontrarem atalhos para solucionar problemas que as mentes não brilhantes não conseguem sequer conceber que existam, eles simplesmente se revelam e são percorridos. Ao contrário do que se possa pensar, a velocidade que a mente brilhante percorre os atalhos que vislumbra é normal, mas como são atalhos podem levar ao resultado de forma muito mais rápida. As pessoas não brilhantes precisam percorrer a trilha convencional do pensamento dedutivo, cumprir as técnicas que aprenderam e olharem para cada etapa intermediária antes da próxima ser iniciada e assim sucessivamente. Dessa forma, demoram muito mais para chegar ao resultado... isso quando chegam!

Para uma pessoa brilhante as etapas intermediárias e seus resultados parciais são irrelevantes, pois ela sabe que está na direção certa, ainda que não saiba por que está.

↓

— Filomena... Filomena... FILOMENA! — chamou Leonardo, sussurrando forte.

— Fala Leo... que falta de sossego! Eu estava aqui, repousando. Você sabe que depois de degustar minhas sementinhas eu preciso relaxar um pouco. Lembre-se que sou uma vedete muito frágil que precisa estar sempre muito linda, descansadinha e disposta. — respondeu ela, também meio sussurrando.

— Você acha que vou ter problemas em ter trazido você para cá? Quer dizer, problemas sei que terei, mas será que vão brigar comigo ou me repreender e a meus colegas que me ajudaram hoje com a montagem de sua Estação de Trabalho? — perguntou Leonardo.

— Leo, você já sabe a resposta e muito bem! Não precisa me consultar para isso. É claro que sua atitude vai ter consequências. No mundo dos hamsters sempre que um dos nossos pega a sementinha do outro, ou invade o espaço do outro, isso gera estresse e brigas são iniciadas. Nada mortal, mas acontece. — ponderou Filomena. — E quanto a trazer problemas aos seus colegas, bom isso depende muito da política de sua empresa. No nosso código hamster de convivência, qualquer um que desrespeite o espaço e o alimento do outro está sujeito a ser atacado, não importa quem for. Você deveria ter pensado nisso antes de fazer as coisas que fez, não é mesmo? Ah! Escuta! Por que estamos sussurrando mesmo? — perguntou Filomena, curiosa.

— É que não quero que ninguém nos ouça! — justificou Leonardo.

— Leo, ninguém vai nos ouvir, estamos só eu e você aqui em seus pensamentos! Fique tranquilo! — lembrou Filomena.

↑

— Leonardo, a senhorita Stella me avisou que a Diretora quer falar com você daqui a vinte minutos. E ela disse para levar a Filomena junto! — informou Lucy, meio preocupada com as consequências que poderiam decorrer das ações impetuosas do Leonardo.

— Obrigado, Lucy. Vou me preparar para ir ao cadafalso[35]. Será que terei direito a um último desejo? Condenados geralmente tem esse direito, não é mesmo? — perguntou Leonardo, fazendo drama, mas em tom surpreendentemente tranquilo.

— Não faça drama, Leonardo. Pelo tom da senhorita Stella, me pareceu muito mais que será uma conversa de alinhamento apenas, afinal você desrespeitou uma determinação direta da sua Diretora. E se não bastasse a coisa vazou para a Internet, tem vídeos e memes rolando pelas redes. Já estão associando nossa empresa à #Filomena — completou Lucy, com alguma reserva, mas tranquila. — Além é claro do clamor: todos querem conhecer a Filomena. — completou ela.

— É... eu sei... pisei na bola. E feio! — respondeu Leonardo, cabisbaixo.

A cumplicidade de Lucy nessa empreitada não era uma exceção. Ela atua muito alinhada com os pensamentos do Leonardo e foi esse mais um motivo que o fez tê-la como sua assessora. Uma pessoa realmente de confiança.

Os pensamentos do Leonardo não param. Filomena é sua sombra provocadora nos pensamentos mais inusitados.

↓

— Escuta aqui, Leo. O que você está fazendo cara? Enfrentou tudo isso, teve a ideia meio maluca de me trazer aqui para movimentar os ânimos do pessoal e agora que conseguiu realmente, de forma bastante intensa os resultados, vai jogar a toalha? De jeito nenhum... não vou permitir que isso aconteça! — esbravejou Filomena, chamando Leonardo aos brios.

— Espere aí que vou subir para minha sala de ginástica, pois penso muito melhor quando estou me exercitando. O oxigênio mais ativo em meu pequeno cérebro hamster me faz ver as coisas com mais clareza. Espera aí que é só escorregar por aqui... ah... que delícia... vamos lá! — disse Filomena entrando em sua roda de exercício e começando a mover-se nela.

— Veja bem, meu caro Leo! Você tem medo do quê? O que você pensa de sua atuação aqui na empresa? O que te incomoda? — provoca Filomena, sem dó nem piedade.

— Filomena, estou inserido em uma organização muito boa, mas que tem um comportamento engessado para algumas coisas. Sabe aquela máxima sobre a conhecida trilogia missão, visão e valores estar na base das definições estratégicas que são traçadas pelas organizações em geral? — fala Leonardo, irritado.

— Sim, claro que sei... aliás, fui eu inclusive quem exigiu isso lá em casa. Na última revisão que fizemos disso, há menos de dois meses, nossa missão foi ser a família mais feliz que conseguirmos, desde que estejamos juntos, nossa visão ficou compartilhar esta missão com o maior número de famílias que conseguirmos, até que o mundo todo saiba disso e nossos valores fundantes foram alterados para o respeito e a honestidade. — disse Filomena, sem pestanejar.

— Pois então, Filomena. Aqui está um dos problemas: a missão, visão e valores aqui da empresa foram definidos quando eu ainda era trainee. É antiga, defasada, engessada, limitante e não representa mais nossa realidade empresarial e muito menos a da sociedade na qual estamos inseridos. — lamentou Leonardo, já se vitimizando.

— Só para dar um exemplo, se voltarmos um pouco no tempo, lá para o final dos anos 1990, acho que foi em 1997, quando do retorno de Steve Jobs para reassumir sua posição executiva na Apple Computer, foi criado na época um slogan para a empresa que era *"Think Different"* ou *"Pense Diferente"* numa tradução livre ao português.

— Aloou... Leo, eu sei inglês tá? não precisa ficar traduzindo... — disse Filomena enquanto acelerava a velocidade de sua atividade na roda de exercícios.

— Então, o significado, o que estava na base daquele slogan da Apple era uma dupla visão: internamente, para todos que trabalhavam lá, havia a missão de *pensar diferente de tudo que já havia sido pensado para criar o inusitado*. Assim surgiram o iMac, iPod, iTunes, iPhone, iPad e toda uma geração de dispositivos e serviços que simplesmente transformaram a forma como as pessoas se relacionam com a tecnologia móvel e os serviços on-line. Por outro lado, o mesmo slogan era um recado explícito aos usuários. A visão era para que eles *deixassem o antigo para trás de uma vez por todas e abraçassem um novo paradigma.* Isso levava ao valor, criar uma relação com as tecnologias móveis e de computação pessoal e em nuvem. Depois disso a Apple já mudou sua trilogia um monte de vezes. — refletia Leonardo sobre suas angústias. — Pois então, Filomena, a trilogia da missão, visão e valores não deve ser algo cristalizado no tempo que funciona como uma espécie de camisa de força corporativa para as diretrizes organizacionais, mas deve ser continuamente reconstruída, ressignificada e repensada. Se a missão não se adapta ao longo da evolução da própria sociedade, devidamente alinhada à visão estratégica da organização e aos seus valores, a tendência não é outra que a estagnação. — desabafa Leonardo.

— Concordo com você em tudo Leo. Mas, e as pessoas? O que você pensa que elas querem? O que os seus colegas aqui na empresa querem? O que eles sonham? Em nosso mundo hamster tudo que nos importa é estarmos bem e felizes. Contanto que não nos falte atividade física, espaço e lugares para explorar, sementinhas deliciosas e pó de mármore limpinho, estaremos sempre bem. — explicou Filomena.

— Fico sempre em dúvida, Filomena. Será que tudo não passa de um desejo latente das pessoas de conquistar e se manter numa colocação profissional que atenda seus requisitos mais básicos e comuns num sistema onde a competitividade entre profissionais é determinante? Será que eles pensam apenas em itens como salário acima da média de mercado, um bom pacote de benefícios, aderência e adequação à sua formação técnica e acadêmica, coerência com sua experiência pregressa, jornada de trabalho flexível onde o que realmente importe seja a produtividade, custeio de cursos para aperfeiçoamento técnico e pessoal, além da participação nos resultados financeiros da empresa? Será que isso é tudo que eles enxergam ou será que buscam algo mais? Será que estes são requisitos que meus colegas aqui na empresa entendem como os mais importantes? Para eles a felicidade real não tem lugar nesta equação, ou seja, a pessoa se sentir feliz com aquilo que faz, e naquilo em que trabalha? — dispara Leonardo, enquanto Filomena acelera ainda mais sua roda de exercícios.

— Mas o que seria essa felicidade, Leonardo? Para nós hamsters a felicidade é estar em equilíbrio alimentar e físico. E para vocês, humanos, o que é? — provocava Filomena.

— O que tenho percebido é que o preponderante tem sido as contrapartidas pecuniárias, assistencialistas e de manutenção de um conforto pessoal ou familiar. — afirma Leonardo. — Coisas mais relevantes como autonomia na gestão de suas decisões; os requisitos diretamente ligados ao suporte pessoal para a tomada de decisões dentro dos mais variados contextos organizacionais; a liberdade para pensar coletivamente e de forma criativa em novas formas de fazer as coisas; a satisfação de estar ajudando outras pessoas e a sociedade como um todo... parece que todas estas e outras não são consideradas importantes ou relevantes aqui neste pacote da felicidade. — complementa Leonardo, inquieto e ansioso.

— Bom, Leonardo. Cada um de nós precisa sentir-se útil. Nós hamsters nos sentimos úteis quando estamos fazendo o que nos deixa felizes. Para nós é tão simples! Vocês humanos complicam demais as coisas! — provoca Filomena, mais uma vez, desconcertando Leonardo.

— Sentir-se útil. Sim. Tudo parece ser muito mais uma máxima do senso comum do que uma busca terapêutica. Mas é sim um estudo muito sério. — afirma Leonardo, enquanto Filomena acelera ainda mais a velocidade na roda de exercício.

— Sei que isso tem a ver com o estudo da terapia denominada cognitivo-comportamental em que há uma busca do entendimento do equilíbrio entre a *tríade cognitiva* e a *distorção cognitiva.* — lembrou Leonardo, dos seus estudos sobre a psicologia do comportamento humano quando na faculdade de Marketing.

"Na *tríade cognitiva*, o objetivo é verificar qual a profundidade das visões negativas que a pessoa tem de si mesmo. Ela passa primeiramente pela inadequação, p.e. *sou desinteressante; sou uma pessoa chata.* Depois passa pela visão negativa de mundo em relação ao trabalho, p.e. *as pessoas não apreciam meu trabalho* e por último pela visão negativa de futuro, p.e. *nunca serei feliz.*", recorda-se Leonardo, que além de gestor é versado em psicologia do comportamento humano.

"Na *distorção cognitiva*, o desafio é determinar o que leva a pessoa a antecipar de forma equivocada as conclusões que tira sobre si mesma e suas potencialidades. A estruturação das experiências pessoais de forma absolutista e inflexível leva a erros de interpretação quanto ao desempenho pessoal e ao julgamento das situações externas.", continua ele recordando os conceitos, de forma brilhante.

"É muito comum as pessoas que se mostram infelizes tirarem conclusões precipitadas sobre seu desempenho com base em poucas evidências e ainda escolher somente aquelas que forem negativas. Dessa forma ela tenderá a generalizar que tudo daí para frente será ruim ou terá caráter negativo. Esta característica do comportamento humano é explorada pelo marketing nas peças publicitárias para estimular a distorção cognitiva fazendo a pessoa consumir algo para aplacar a visão negativa que tem de si mesmo.", conclui Leonardo.

— Então, Sr. Leonardo, entenda. No final de tudo, sentir-se útil é o elemento mais importante que deve estar em total sintonia para que a pessoa possa sentir-se feliz. E sabe por que isso tudo sobre a felicidade é tão importante? As pessoas querem também fazer aquilo que gostam e lhes dê prazer. Algo que realmente as realize. É igual a nós hamsters. Se ficamos infelizes ou estressados, batemos nossos dentinhos. — diz Filomena, destacando seu comportamento primordial.

"É por isso que profissionais que conseguem isso são conhecidos como *profissionalmente realizados*.", lembra Leonardo. "E tem mais um elemento a ser incluído na lista: a empresa deve ter e demonstrar a preocupação de saber se as pessoas estão realmente felizes com o trabalho que realizam. Isso de forma autêntica e legítima.", continua Leonardo em sua reflexão.

— Mas você não me respondeu, Leo. Você tem medo do quê? O que você pensa de sua atuação aqui na empresa? O que te incomoda? Você é feliz? —

retoma Filomena, não deixando Leonardo desviar do assunto.

— Filomena, estas são perguntas importantes que me faço o tempo todo: o que realmente as pessoas devem buscar em suas contrapartidas? Será que querem mais responsabilidades, melhor acesso à informação, ganhar mais autonomia, ter um status que dê visibilidade na capacidade de tomar decisão, assumir uma vice-presidência, ter cargo numa Diretoria importante, conquistar o efetivo aperfeiçoamento de seu papel profissional, assumir a liderança de um time técnico? Isso me incomoda, pois não sei a resposta. Acho que ninguém sabe! — responde Leonardo.

"É que vejo que são muitas possibilidades e muitas variáveis envolvidas, mas o pensamento que desponta é: será que todo o esforço organizacional para tornar as pessoas mais felizes não deveria ser concentrado em permitir que cada um possa de fato recriar o seu papel profissional de forma que a pessoa possa ficar cada vez mais capaz de fazer o seu potencial ser revelado e posto a serviço de sua felicidade enquanto profissional?", questiona-se Leonardo.

"Penso que minha atuação aqui na empresa deve passar por isso. Permitir que meus colegas vejam isso, percebam isso e...", desabafa Leonardo, quando é interrompido pela Filomena.

— Mas Leo, você acha que a empresa consegue demonstrar que tem verdadeira preocupação sobre estas questões em relação às pessoas? Lá em casa eu sinto que há uma verdadeira preocupação de sua mãe e sua para que eu esteja bem e feliz. De você para ela, cuidando que ela esteja sempre bem e feliz e dela para você, da mesma forma. — destaca Filomena.

— Percebo que meus colegas, e eu me incluo, não conseguimos sentir, perceber e acreditar verdadeiramente que há uma legítima preocupação com o nosso bem-estar no trabalho. O que vemos é algo fake. É utilitarista. — desabafa Leonardo. — Concordo com você sabe, Filomena. Às vezes sinto que é preciso fazer algo muito diferente para tentar despertar nas pessoas que há muito mais do que as contrapartidas em dinheiro, responsabilidade e poder. A essência de cada pessoa, o que ela realmente sente de bom ao poder ajudar os outros, sejam colegas, clientes ou fornecedores. Se há algo que me mete um pouco de medo é eu não conseguir fazer as pessoas desenvolverem esta percepção. — confessa Leonardo, visivelmente angustiado.

— Mas, Leo. Aqui há uma armadilha e das grandes. Nós hamsters, por exemplo, enquanto não aprendemos a confiar em nosso dono ficamos com alto nível de estresse. Depois, se confiamos demais, passamos a achar que todo o espaço que pudermos acessar é nosso e vamos roendo, roendo, roendo, bagunçando tudo. A maioria das pessoas não gosta nada disso, sabe? Então, Leonardo, me parece que é uma questão de equilíbrio! — ensina Filomena.

— Pois é, Filomena, já pensou como seria se a vocação de cada um funcionasse de verdade como o epicentro da sua felicidade? Isso iria irradiar para todos os que se relacionam com você e nesse momento a sua vocação frente ao trabalho se tornaria incerta. Quando isso acontecesse as coisas se tornariam difíceis para o profissional, pois ele possivelmente precisaria tomar a decisão de abandonar sua carreira convencional, baseada em conquistas meritocráticas e substituí-las por uma carreira proteana, ou seja, fundamentada em suas efetivas descobertas relacionadas à sua vocação. Só assim o profissional poderia ir em busca da real felicidade. — ensinou Leonardo, que também é versado em assuntos relacionados à dissonância cognitiva.

↑

A mente de Leonardo é mesmo brilhante e inquieta. Fica buscando a cada segundo uma forma de pensar diferente de tudo que já havia pensado, sempre olhando para as muitas possibilidades que se relacionam. Visão holística é o nome disso. Olhar para um cenário e interpretá-lo como um todo não perdendo a perspectiva de cada detalhe que o compõe. Ao criar o seu alter ego e ainda projetá-lo como uma válvula de escape num ser primordial, a hamster Filomena, ele consegue se policiar e usar a metáfora do mundo hamster para lembrar a si mesmo e aos seus colegas, que as coisas no dia a dia do trabalho podem ser muito mais simples de que eles conseguem perceber. É uma grande oportunidade. Leonardo não se intimida pela forma como as pessoas veem o que ele pensa ou como ele pensa. Ele simplesmente vai em frente acreditando na transformação que suas ações podem promover.

A REUNIÃO NA DIRETORIA

Era chegada a hora de ir até a sala da Diretoria.

Leonardo estava preocupado com a Filomena.

"O que será que me espera por lá? Que tipo de alinhamento irá acontecer? Será que serei suspenso ou dispensado sumariamente por justa causa em função das várias não conformidades que provoquei aqui em meu setor?", pensava Leonardo preocupado com a convocação que recebeu.

— Lucy, a senhorita Stella lhe disse algo mais quando pediu para eu ir até a Diretoria? — perguntou relutante Leonardo.

— Ela me disse que você era esperado lá em vinte minutos para uma reunião de alinhamento com a Diretora e curiosamente pediu que você levasse junto a Filomena. — disse Lucy.

— E nada mais? — insistiu Leonardo.

Lucy olhou para Leonardo e percebeu que ele estava inseguro. Por mais que ela tenha tentado tranquilizá-lo dizendo que o tom da senhorita Stella foi amistoso e leve, ela sabia que Leonardo tinha cruzado a linha que separa as trincheiras da malandragem e da lógica. Ela tem consciência também que foi cúmplice direta disso. Não que ela mesma não estivesse bastante preocupada. Estava! Mas sabia também que se algo muito severo estivesse iminente ela teria percebido algum outro movimento vindo da Diretora e certamente não seria apenas uma reunião de alinhamento com hora marcada.

— Não, nada mais. — respondeu Lucy. – Por que, Leonardo? Você acha que poderá ter problema? É bem verdade que as coisas por aqui estão bem agitadas e meio bagunçadas também, né? — completou Lucy. — Você não acha que deveríamos amenizar o alvoroço causado até agora, pelo menos organizando um pouco melhor as coisas que você trouxe?

— É verdade, Lucy. Está bagunçado mesmo. Mas deixa eu te dizer: isto é intencional! Quero incomodar! Sem este movimento todo com as pessoas curiosas, incomodadas e até um pouco inseguras, não conseguirei meu intento da transformação de nossa forma de ver as coisas e de pensar além do óbvio. Por favor, deixe tudo exatamente como está. Tem um monte de coisas espalhadas mesmo, eu sei. Mas me ajuda com isso, por favor? Vamos manter como está. — pediu Leonardo demonstrando um pouco mais de determinação.

— Claro, Leonardo. Fique tranquilo! Vou deixar tudo como está. Cuidarei para que ninguém mude nada. — respondeu solicitamente Lucy.

— Sim, Lucy. Por favor. Faça isso. A primeira coisa para que a transformação comece a fazer efeito é que as pessoas percebam que nada nunca está pronto; simplesmente porque queremos que elas estejam; só porque dissemos que estão; só porque arrumamos nossas mesas ou ainda porque seguimos os processos à risca. Elas precisam perceber que a verdadeira transformação está em justamente ter o sentimento de que, na verdade, nunca nada está pronto, mas em processo contínuo de acomodação. — orientou Leonardo.

Renovado, Leonardo vai até a Estação de Trabalho da Filomena e a pega de sua roda de exercício, a coloca no fundo do bolso direito de seu paletó e dirige-se ao elevador social para ir ao vigésimo andar, para a sala da sua Diretora, Tereza.

Leonardo não se incomoda nem um pouco pela live que alguns colegas seguem gerando, ele está muito tranquilo e age naturalmente como se estivesse imerso numa espécie de filme da vida real, em tempo real e no qual as câmeras dos smartphones são por ele ignoradas e suas atitudes e movimentos são naturais, normais, prosaicos mesmo. #FilomenaVaiPassear

Como sabemos a mente é fantástica e pode percorrer em um minuto toda uma gama de possibilidades que passam como um filme muito acelerado pela mente. No caso de Leonardo, com sua brilhante forma de pensar e ver o mundo isto é potencializado...

A IDENTIDADE

Leonardo tem uma grande dúvida em sua mente.

Enquanto vai até o elevador ele reflete... coloca cuidadosamente sua mão no fundo do bolso direito do paletó e toca delicadamente a Filomena... ao tocá-la ele sente que a pulsação dela está um pouco acelerada para uma hamster, praticamente vibrando à cerca de quinhentos batimentos por minuto.

Hamsters adoram ficar no aconchego de espaços escuros, afinal na natureza eles criam tocas profundas e com diversas câmaras. O problema é que o cheiro na roupa do Leonardo a incomoda deixando-a um pouco agitada. Ele sabe disso, mas no bolso é o local mais seguro para ela ficar enquanto ele se desloca pelos corredores da empresa.

— Leonardo, cada vez que vou para seu bolso tenho que tapar meu pequeno nariz, que como você sabe é muito sensível. Esse cheiro de amaciante me incomoda, sabe? Bom já te disse isso hoje! Por favor, pelo menos coloque um lenço aqui para minimizar um pouco! Será que dá pra ser? — pede Filomena com uma sarcástica delicadeza.

— Estou fazendo isso agora mesmo, Filomena. Vou passar no banheiro e pegar alguns papéis bem macios para colocar aqui para você. Está bem assim? — pensou Leonardo para minimizar o incômodo de Filomena.

— Ótimo, muito obrigada pela atenção! — respondeu Filomena enquanto Leonardo desviava do elevador indo em direção ao banheiro onde pegou algumas folhas de papel toalha e fez uma forração no bolso direito de seu paletó arrumando um espaço melhor para a Filomena.

— Agora sim, Leonardo! Ficou bem melhor! — elogiou aliviada a Filomena.

— Então, Filomena. Sabe que estive pensando na questão do equilíbrio de interesses entre a organização e os profissionais serem mesmo uma troca de concessões mútuas a qual só será efetivamente funcional se puderem satisfazer ambos os lados. Ou seja, as pessoas precisam "tocar suas vidas" para que isso dê sentido real às coisas que elas fazem. Você vê sentido nisso? — perguntou Leonardo.

— Leonardo, sou um ser primordial, portanto muito simples e pela minha perspectiva, isso que você disse faz todo o sentido. Para nós, hamsters, se estamos na natureza, procuramos nos proteger dos predadores em nossas tocas, descansar bastante de dia para sair à noite em busca de alimentos que acumulamos em nossas elásticas bochechinhas, portanto temos sempre um pouco de alimento de reserva, caso não possamos sair para procurar mais ou eles venham a escassear por alguma razão. — ensina Filomena.

— Além disso, buscamos sempre, é claro, nos reproduzir, afinal nossa expectativa de vida é de três anos e meios em média. Quando estamos na condição de mascotes, nossa maior preocupação mesmo é ficar em forma para não morrermos de tédio, pois somos naturalmente agitadas. Precisamos ainda ter sempre algo disponível para roer ou nossos dentinhos vão ficar gigantes e por último, é claro, precisamos nos alimentar. E não, não somos gulosos, comemos apenas o que precisamos comer e nada mais. Então isso de "tocar suas vidas", para nós tem esse sentido, sobrevivência em equilíbrio. — respondeu Filomena, serena e sabiamente.

— Fico imaginando, Filomena, se meus colegas tivessem a maturidade e a oportunidade para que pudessem recriar seu próprio ambiente de trabalho, livremente, sem se preocupar muito com as consequências disso, mas se concentrassem apenas em realizar o seu melhor da melhor forma possível. Penso que poderia ser mágico. — pondera Leonardo, sonhando com seus colegas indo para outro estágio da consciência humana e da autorrealização com o trabalho.

— Está certo, Leonardo. Entendi quase tudo. O que você quer dizer com recriar seu próprio ambiente de trabalho? — provoca Filomena. — Pois para nós hamsters, não faria muito sentido eu querer recriar algo que está dando certo. Por exemplo, eu querer ser mais do que meu eventual colega de toca. Basta que quem esteja na mesma toca que eu tenha o mesmo objetivo, ou seja, tocar sua vida. Salvo aqui, no ambiente artificial que você criou para mim, minha Estação de Trabalho. Nesse caso eu quero mesmo é uma série de melhorias, que aliás eu já lhe pedi... — explica Filomena.

- Tá certo, Filomena, vou resolver isso das melhorias em sua Estação de Trabalho. Mas voltando aqui, para nós humanos, esse recriar seria algo assim como trabalhar em uma empresa renomada; ter colegas de trabalho que estejam felizes também; ganhar um bom salário; fazer as coisas que gosta... é isso que meus colegas entendem sobre recriar e estarem felizes com o trabalho, mas na verdade, não é assim tão simples, Filomena. Eu vejo de outra forma. A felicidade de trabalhar numa empresa é composta por um conjunto de elementos que constituem não apenas o que a empresa é e representa no mercado como sua marca, seus produtos, sua tradição de qualidade, mas fundamentalmente qual é a identidade das pessoas que estão lá. Sim, afinal a empresa é composta essencialmente das pessoas que, se estiverem verdadeiramente felizes, provavelmente trabalharão melhor. E o entendimento que tenho sobre estarem felizes vai muito além dos itens citados anteriormente, que pela minha visão, são utilitaristas. Trata-se de conquistar um equilíbrio entre todos os componentes que participam e compõem o ecossistema organizacional. — explica Leonardo, defendendo seu sonho e seu desejo.

— Sei, Leonardo. Pode até ser tudo isso que você falou. Porém pela minha visão, muito mais simples, mais primordial, não faz sentido, por exemplo, procurarmos um dono melhor. Até porque nós não podemos fazer isso. O que procuramos fazer sim, é ter a melhor vida que pudermos com o que nos é dado pelos nossos donos. Se não ficamos confortáveis ou se ficamos infelizes, o máximo que fazemos é ficarmos nervosos e bater nossos dentinhos. Então para nós, recriar, será no máximo roer algumas painas para afofar nossa caminha e ser feliz é estar bem alimentado e com os exercícios em dia. — explica Filomena com toda simplicidade. — Claro, se isso for levado para nosso ambiente natural, aí as coisas mudam, pois se no local da toca que cavamos, lá na natureza, não estiver legal, por exemplo, se está muito difícil achar comida naquele lugar ou se houver muitos predadores que nos ameacem de verdade, então, nesse caso, nós vamos mudar de lugar. Vamos cavar outra toca em outro lugar onde as condições sejam melhores e mais favoráveis. — explica Filomena singelamente.

— Nesse sentido, Filomena, então nós humanos temos um paralelo muito interessante aqui. As empresas são constituídas por um corpo estrutural que são seus prédios, mobiliários, máquinas, equipamentos, veículos, móveis, ou seja, toda a parte física, não humana. Por uma outra parte estruturante que são os sistemas, processos, métodos, metodologias funcionais, ou seja, sua inteligência organizacional. E por uma parte viva, humana nesse caso, que usa a parte estruturante para fazer operar os processos dentro do corpo estrutural e dessa forma fazem efetivamente as coisas acontecerem nos diversos contextos organizacionais. — ensina Leonardo, puxando o conceito da administração clássica, assunto no qual é versado. — Isso se dá também com sua Estação de Trabalho e acessórios que são a parte física, o uso instintivo que você faz dos espaços são como a parte estruturante e você, nesse caso, é a parte viva que usa tudo isso. — complementa Leonardo em seu raciocínio.

— Porém, quando você está na natureza, você é a dona do seu espaço, sua toca. E você a mantém, cuida dela do seu jeito. Se não estiver legal você se muda e pronto! Aqui, para os humanos, isso seria o equivalente ao que chamamos de ser o dono do próprio negócio ou empreendedor. Quando é dessa forma, o controle que as pessoas têm do que fazem, como fazem e porque fazem é muito maior. Se bem que no primeiro caso as pessoas podem também mudar-se e indo trabalhar em outra empresa. Diferente de vocês que quando são mascotes não podem mudar de donos. — reflete Leonardo, fazendo a comparação em sua mente.

↑

No saguão de acesso ao elevador, Leonardo observa seus colegas que falam entre si à boca miúda sobre o habitat da Filomena, a Estação de Trabalho dela ali no escritório. Alguns mais discretos apenas olham para Leonardo e fabricam uma expressão de normalidade. Outros assentem com a cabeça discretamente numa espécie de cumprimento dissimulado. Outros ainda olham para o Leonardo com desconfiança, como se ele representasse uma ameaça à ordem e segurança organizacional.

Sempre é difícil encarnar o desafio de ser e fazer diferente na busca de transformar a mentalidade das pessoas. Há desconfiança de todos e isso é natural, pois são atitudes que ferem mortalmente a zona de conforto que cada um construiu para si e dentro da qual se instalou para sentir-se em segurança.

Na verdade, Leonardo não se incomoda com a desconfiança gerada. Ele apenas sente que está numa espécie de cruzada a qual é entendida por alguns como uma tentativa frustrada de transformar algo que está cristalizado na cabeça das pessoas, enquanto outros entendem como sendo possível transformar as mentalidades, mas se sentem reféns da organização achando que ela não permitirá isso ocorrer.

Ao chegar no elevador Leonardo toca o painel e o aguarda, mas sua mente não para. As possibilidades são muitas e sua mascote, Filomena, lhe dá inspiração... constantemente.

— Bom, Leonardo. Seu eu puder escolher, não quero mudar de donos. Você é bom para mim! Sua mãe é muito boa para mim! Vocês cuidam de mim, me alimentam, me dão uma casinha que é muito legal e se importam comigo. Não quero mudar de donos e não quero ir para a natureza. — diz Filomena na mente do Leonardo.

— Obrigado, Filomena. Eu também sinto o mesmo. Não quero deixar que outra pessoa cuide de você e muito menos te devolver à natureza. Você é minha mascote e lá em casa você é nossa vedete, minha e de minha mãe. — reflete Leonardo, sentindo a vibração do coração da Filomena reduzir, agora que tem folhas macias minimizando o cheiro no bolso do seu paletó.

↑

O elevador chega. Leonardo entra e pede o vigésimo andar: Diretoria. Partindo do oitavo andar, onde fica o setor de Marketing e Produtos gerenciado por Leonardo, serão apenas doze andares, mas na mente dele muita coisa acontece. A mente de Leonardo é fantástica.

— Filomena, você sabe que numa organização todas as partes são interdependentes, ou seja, umas dependem das outras para que, de forma estruturada e harmônica, colaborem para entregar o valor que a empresa se propõe, ou seja, para funcionar bem! Todos esses elementos, quando reunidos, formam o ecossistema organizacional. Como tal, constituem-se numa entidade, portanto viva, pulsante e ao mesmo tempo dependente de um delicado equilíbrio para manter-se bem. É dessa forma que ela consegue garantir o bom funcionamento de todas as suas partes. — considera Leonardo.

— Por mais que o senso comum infelizmente possa levar as pessoas a pensarem que as empresas são formadas apenas por prédios, máquinas, equipamentos e processos, elas se esquecem de quem faz isso tudo funcionar. São as pessoas que fazem. Por mais que a automação esteja cada vez mais presente no cotidiano das organizações, são as pessoas que fazem as coisas acontecerem realmente. — fala Leonardo, reafirmando e chegando à conclusão de que não pode desistir de sua empreitada, afinal colocou a própria reputação em jogo com as decisões e atitudes que tomou.

— Leonardo, veja o seguinte. Vou tentar te ajudar aqui! Vou usar minha forma mais básica de ver as coisas. A mais primordial que eu puder. Vamos lá... Para que a nossa felicidade hamster possa ser construída, para que ela se instale de verdade, ela depende antes de mais, da sensação de segurança estar presente no ambiente onde vivemos. Esta sensação de segurança inclui elementos simples que herdamos lá da natureza. Assim, por exemplo, não adianta eu ter uma toca organizada, bonita, segura, cheia de câmaras, aconchegante e sequinha e com bastante alimento disponível, se não houver a possibilidade de encontrar um companheiro para reproduzir. Por quê? Porque reproduzir é parte de nossa natureza e chegará um momento em que ficaremos num nível de estresse tão alto por não ter uma companhia, que simplesmente hibernamos e não voltamos mais... então morremos! — diz Filomena, alfinetando Leonardo, praticamente pedindo um companheiro.

— Uau... então é isso! Para que essa verdade sobre a felicidade seja entendida e incorporada pelos meus colegas, ela precisa ser uma conquista. Eles precisam estar seguros de que as decisões que tomarem não serão julgadas, mas entendidas como a realização do seu melhor. Enquanto isso não ocorrer, será impossível iniciar a preparação deles, e isso inclui minha Diretora. Todos precisam entender que poderão escolher a melhor forma de atuarem na empresa da qual fazem parte. E precisam aprender como compartilhar isso. — conclui Leonardo, confiante e feliz.

"Usando a metáfora do mundo hamster, é possível conduzir o raciocínio da seguinte forma pela perspectiva da Filomena. Primeiramente será preciso garantir a manutenção do equilíbrio das interdependências. Por exemplo, a Estação de Trabalho dela, não está perfeita, do jeito que ela gostaria, mas cumpre bem o propósito e eu farei as melhorias prometidas. Enquanto as melhorias prometidas não chegarem é necessário ter cuidado e zelo para que tudo na Estação de Trabalho dela esteja funcionando bem: que não falte sementinhas, que esteja tudo sempre limpo e que os espaços para ela se exercitar estejam sempre funcionando. Por último, mas não menos importante, tem a aprendizagem. Filomena é pequena, frágil e totalmente dependente de mim. Se eu esquecer da Filomena ela vai morrer. Por outro lado, se ela não se comportar bem, eu ficarei chateado. Tudo isso é bastante complexo. Quanto mais nossa relação amadurecer mais aprenderemos um com o outro e melhor será nossa convivência, pois teremos o aumento da confiança mútua. Se esses elementos do equilíbrio e da confiança forem perdidos ou ficarem desordenados, poderão gerar o caos que levará ao colapso desse equilíbrio e à morte da Filomena.", elabora Leonardo, sua abordagem da criação de entendimento da verdadeira felicidade junto aos seus colegas, usando a metáfora do mundo hamster para isto.

— Entendi, Filomena. Meu maior desafio será atuar com minha Diretora, Tereza. Preciso que ela compreenda e comece a se beneficiar do conhecimento dessas mesmas verdades. Com isso ela poderá planejar ações de gestão que aprimorem o processo de construção da identidade corporativa imprescindível para alcançar o sucesso e os resultados, desenvolvendo uma equipe efetivamente feliz. — concluiu Leonardo, bem mais seguro agora.

— Ah, Filomena. Quando falo com você, me vem à mente adjetivos como inocência, pureza e até ingenuidade. — reflete Leonardo, acariciando a cabecinha de Filomena. — Esses elementos parecem não ter vez ou mesmo voz dentro do contexto organizacional onde vivo hoje. É como se eu mesmo fosse um hamster que está infeliz com o dono e quer bater os dentinhos para sinalizar que as coisas não estão boas. Na verdade, é bem isso que estou fazendo! A conquista da felicidade pode até ser um dos motivadores para meus colegas, mas para que conquistem isso terão que combinar uma quantidade muito grande de elementos os quais, talvez, eles não entendam muito bem nesse momento inicial. Trazer você é a oportunidade de causar um choque enorme nas potencialidades e assim tentar aflorar a inocência, a pureza e a ingenuidade nas pessoas. Uma boa ideia! — pensou Leonardo, mais confiante ainda.

↑

— Vigésimo andar. — informou a melódica voz digital.

A porta do elevador se abre e Leonardo sai com a pequena Filomena no bolso direito do seu paletó. Ele está muito menos ansioso agora. As reflexões lhe deram maior confiança.

O relógio digital na parede da antessala da Diretora marca 11h06 e a única pessoa por ali é a senhorita Stella, a Assessora Executiva da Diretora Geral, Tereza.

CADAFALSO CORPORATIVO

— Olá de novo, Leonardo. — disse senhorita Stella de forma tranquila.

— Olá... ué, Stella! Onde está todo mundo? A Tereza não tem reuniões em andamento? — se espanta Leonardo com a antessala atipicamente vazia.

— Ela pediu para cancelar as agendas de hoje de manhã, Leonardo. Parece que vocês precisam alinhar alguns assuntos e ela não quis ter distrações. Vou avisar que você já chegou. — disse senhorita Stella com serenidade. Ela já ia pegando o telefone quando...

— Por favor, senhorita Stella. Espere só um minuto! Você sabe qual é o motivo da Tereza ter me chamado aqui? — perguntou Leonardo, demonstrando alguma apreensão.

— Ora, Leonardo. O que você acha? Os eventos desta manhã no oitavo andar ganharam notoriedade. Se espalharam por toda a nossa empresa e até pela Internet. Sua iniciativa foi capaz de evidenciar você, nossa empresa e a tal de Filomena, como alvos de memes variados. Até live rolou e ainda está rolando. Isso sem falar nas hashtags #MeuGerenteFicouDoido, #EscritorioLegal, #VivaFilomena e #BrinquedoNovo. Quando a Tereza viu tudo que estava acontecendo quase teve um ataque. Felizmente consegui acalmar os ânimos dela ou você sairia daquela sala agora direto para fora da empresa ou coisa pior... — disse senhorita Stella, de forma dura.

— Tá certo! Entendi. — respondeu Leonardo um pouco envergonhado, mas ao mesmo tempo com firmeza.

— E antes que eu esqueça... — retrucou senhorita Stella. — Quem é essa tal de Filomena? — perguntou ela curiosa.

Leonardo colocou cuidadosamente a mão no bolso direito do paletó e de lá retirou, com todo carinho, a pequena, frágil e dócil Filomena.

Na palma da mão de Leonardo a pequena Filomena coça o nariz rosado e olha para senhorita Stella com toda a inocência de seus pidonhos olhinhos negros.

A expressão no rosto da senhorita Stella se acende em alegria e ternura ao ver aquele animalzinho tão confortável nas mãos do Leonardo. Calma, dócil, meiga, fofa e singela.

— Ela é uma linda... que fofura! Amei! Posso fazer carinho? — perguntou senhorita Stella muito encantada com a pequena Filomena.

— Ainda não, senhorita Stella. A Filomena é muito sensível e pode ficar estressada mudando de mãos ou sendo tocada por alguém estranho. É bom que ela fique comigo mesmo. Ela é muito especial. É minha vedete linda. — falou Leonardo enquanto acariciava a cabeça de Filomena, animado por ela ter conquistado de pronto a simpatia da senhorita Stella.

— Ah, mais que fofa... queria tanto acariciar... — insiste senhorita Stella.

— Em seu tempo, senhorita Stella. Tá bom? Em seu tempo! — responde Leonardo.

— Está certo! Vou avisar a Tereza. — disse senhorita Stella com um semblante de ternura enquanto ligava, claramente conquistada pela singeleza primordial do diminuto animal.

— Sim... tá certo, vou avisar... obrigada! Pode entrar agora, Leonardo. — disse senhorita Stella, sem desviar os olhos de Filomena, que Leonardo colocava cuidadosamente de volta no bolso direito de seu paletó.

↓

— Nossa, Leonardo. Que deslumbrada essa senhorita Stella, hein? Pensei que ela iria me tomar de sua mão à força. Até fiquei com um pouco de medo, sabe? — observou Filomena.

— Fica tranquila, Filomena, eu não vou deixar ninguém te pegar sem que você queira, tá bom? — refletiu Leonardo.

— Acho bom! E essa tal de Tereza? Posso confiar nela? — se adiantou Filomena.

— Sim, Filomena. Pode!

— Mas não é essa a tal que te esculachou para fora da sala dela hoje mais cedo?

— Sim, Filomena, foi ela!

— Então! Ainda assim você diz que ela é confiável...

— Sim, Filomena. Ela é!

— Tá certo! Se você está dizendo...

↑

— Olá, com licença! Mandou me chamar, Tereza? — disse Leonardo, enquanto entrava na sala da Diretora.

— Leonardo, Leonardo... você é mesmo um danadinho... sabe como agitar as coisas. Por favor, sente-se. Fique à vontade. — disse de forma acolhedora Tereza enquanto ia em direção ao balcão de café. — Aceita uma bebida, Leonardo? Um chá? Um café? — perguntou ela, com elegância.

— Sim, por favor. Um café! — respondeu Leonardo, sentando-se.

— Açúcar ou adoçante, Leonardo?

— Puro, por favor!

— Sábia decisão. Café puro é o melhor. Só assim para sentir o verdadeiro aroma e sabor. Eu ainda não consigo, sabe? Preciso colocar uma gota de stevia ou duas para ficar agradável ao meu paladar.

— Eu gostava com açúcar, Tereza, mas conheci um barista naquele café novo que inaugurou ano passado ali ao lado do Restaurante Pitoresco. Ele que me ensinou a apreciar o café sem aditivos.

— Ah sei... a Cafeteria Grão Torrado?

— Isso. A Grão Torrado. É ótimo ali. E tem umas guloseimas deliciosas também.

— Ah Leonardo, confesso que gosto de ir lá por elas. Aquela torta de pistache que eles fazem... amo! E os petiscos assados então... adoro!

— Eu adoro o macaron. Sempre como pelo menos três cores diferentes. Com um café purinho é uma combinação perfeita.

Tereza é uma mulher madura com pouco mais de quarenta. Solteira convicta, vive para o seu trabalho e para suas viagens de férias com as amigas. Adora viajar, especialmente cruzeiros marítimos. Sempre foi da área de gestão na qual se formou e especializou dando ênfase no desenvolvimento de produtos em equipes multidisciplinares. Está na empresa há mais de vinte anos e já passou por praticamente todas as cadeiras de gestão até chegar à Diretoria Geral. Tereza é também uma maestrina na arte de acolher para depois asseverar seus pontos de vista. Ela tem na senhorita Stella o fiel de sua balança na tomada de decisões. É a pessoa que sempre lhe traz os pontos e contrapontos e as ponderações para ela tomar as melhores decisões.

Leonardo foi ficando relaxado com a atitude simpática de Tereza. Ele sentou-se na confortável cadeira à frente da mesa dela enquanto lhe era servido o café. Observou que ela estava muito tranquila e buscava deixá-lo da mesma forma... à vontade. Muito diferente do que ocorrera mais cedo quando ele foi até lá para apresentar sua iniciativa.

— Leonardo! Eu pedi para você vir aqui para nós discutirmos um pouco melhor o que você me trouxe de sugestão mais cedo e para juntos avaliarmos os desdobramentos do que você acabou adiantando à revelia do que conversamos. Eu me lembro claramente, Leonardo, de ter te orientado a não prosseguir com sua iniciativa, mas não foi o que aconteceu. Você voltou ao seu setor e deu andamento na montagem do tal Espaço Lúdico do qual você havia me falado. Eu estava bastante ocupada quando você veio hoje mais cedo e não pude lhe explicar os detalhes do porquê talvez não devêssemos avançar com sua ideia nesse momento, então agora preciso trazer algumas considerações. — disse Tereza, que fez uma pausa para bebericar o café.

Leonardo também bebericou e atentamente ouvia as colocações de Tereza que prosseguia de forma calma e linear.

— Você me disse que a área ocupada pelo Espaço Lúdico seria de aproximadamente dois metros quadrados, ou seja, cerca de 1,40m x 1,40m. O tamanho padrão de nossos corredores de circulação é de 1,50m, logo o espaço de circulação ficaria obstruído. Outro fator é que um Espaço Lúdico no meio do corredor trará uma distração para o pessoal e te confesso que não consegui ver um sentido prático nisso tudo. Você me falou também que o tal Espaço Lúdico seria habitado por um pet. E se isso não fosse suficiente, você pensou e decidiu fazer tudo sem sequer discutir comigo. Concorda que eu tenho todos os motivos para ficar bastante desapontada com suas atitudes, Leonardo? — disse Tereza de forma incisiva, mas calma, enquanto bebia mais um gole de café.

— Verdade, Tereza. Eu acabei cruzando a linha que separa a lógica e a malandragem em trincheiras opostas. Confesso! Sem prejuízo às minhas intenções, que tenha certeza são as melhores, eu me arrisquei para conseguir demonstrar algo que de outra forma não seria possível.

— Mas Leonardo, você tem consciência de quantas não conformidades você incorreu com seus atos de agora pela manhã? — interpelou ele, Tereza.

— Sim, tenho! Foram pelo menos sete, oito se considerar a insubordinação à sua determinação direta.

— Então, Leonardo! Você e seu setor saltaram de 1º lugar em conformidade operacional para o 1º em não conformidade em apenas uma manhã de trabalho. Parabéns! Coloque-se agora em meu lugar e me responda: você continuaria confiando em você depois dessa sua atitude? Seja honesto comigo!

— Bem, Tereza. Eu teria dificuldade para confiar, mas eu me daria o benefício da dúvida[36]. Pelo menos eu ouviria com muito cuidado as intenções que motivaram minhas atitudes, para então, só depois disso, decidir algo.

— Entendo da mesma forma, Leonardo. É por isso que lhe chamei aqui e liberei o restante da manhã em minha agenda, justamente para que você me explique com cuidado quais são os motivadores. Se você me permite, chamarei a senhorita Stella para nos acompanhar. Tudo bem para você?

— Claro, Tereza! Também acho ótimo!

Pegando o telefone, Tereza pediu que a senhorita Stella se juntasse a ela e ao Leonardo na reunião. Enquanto Leonardo bebericava mais um pouco de café, Tereza checava se havia alguma notificação em seu smartphone.

— Com licença...

— Por favor, senhorita Stella. Junte-se a nós. Fiz um breve retrospecto ao Leonardo dos eventos percebidos por mim desde hoje de manhã em relação à iniciativa que ele decidiu empreender aqui na empresa. Pedi a ele que compartilhasse as intenções dele de uma forma mais detalhada para que partindo desse entendimento seja possível deliberar os próximos passos, sejam eles quais forem. Leonardo, por favor, pode nos dar os detalhes do que realmente você pretende fazer?

"Caramba, não sei se vou conseguir me lembrar exatamente da sequência que pensei para avançar com minha ideia, mas vou dar o meu melhor, afinal parece que meu futuro aqui na empresa dependerá muito do que vou falar agora.", refletia Leonardo com um pouco de preocupação.

↓

— Leonardo... Leo... LEO... — chamou Filomena sussurrando.

— O que foi Filomena, não vê que estou ocupado agora? O que você quer?

— Leo, olhe... você precisa ser simples. Não queira explicar demais, fundamentar demais, ilustrar demais... vá pelo mais simples que tudo vai dar certo, tá bem? — orientou Filomena.

— Tá bom. Vou fazer isso, mas tem algumas coisas que preciso contextualizar ou os meus argumentos ficarão fragilizados.

— Tudo bem, mas seja objetivo, tá certo?

— Combinado, Filomena!

↑

Leonardo se preparava mentalmente para começar sua explanação. Viu a senhorita Stella sentar-se e a Diretora, Tereza, ajeitar-se em sua confortável cadeira. Colocou a mão no bolso direito de seu paletó e tocou com suavidade a Filomena e pode sentir a paz dela com seu coraçãozinho vibrando tranquilamente. Retirou a mão do bolso, respirou e começou sua exposição.

— Há cerca de um ano, pouco antes de eu sair em férias, logo depois que terminamos o lançamento daquele novo produto para homens solteiros, o Alfa Guia, e que se mostrou de algum sucesso, eu estava bastante estressado porque não entendo que havíamos conseguido um produto efetivamente novo. Tudo que conseguimos fazer foi criar uma variação, pequena, de um produto que já havíamos retirado do catálogo há alguns anos. Isso me deixou muito triste. — começou Leonardo puxando o raciocínio de suas colegas e lembrando um pouco do histórico do setor de Marketing e Produtos que ele gerencia.

— Depois que os primeiros números das vendas saíram, reuni minha equipe e avaliei com eles o resultado. O que percebi da equipe foi uma visão muito limitada do conceito de sucesso. Para eles o fato de termos conseguido uma demanda de pedidos que superou nossa melhor marca do ano anterior em cerca de 15%, era suficiente para rotular o produto como sendo de sucesso. Mas eu não via dessa forma. — trouxe Leonardo sua visão mais como Gerente de Mercado.

— Analisando o mercado como um todo à época, concorrência, produtos similares, importados e promoções, concluí que se o produto fosse realmente uma proposta inovadora tínhamos um potencial de avançar em mais de 30% o nosso melhor índice anterior e não apenas 15%. Mas, na verdade, não foi isso que me chateou mais, e sim o fato de meus colegas se contentarem com aquele conceito limitante de sucesso. — explicou Leonardo.

— Não lembro de você ter compartilhado tal percepção conosco, Leonardo! — interferiu senhoria Stella ao que concordou Tereza.

— Sim, de fato não compartilhei, pois sabia que como Gerente de Marketing e Produtos, era eu o responsável por mudar esse quadro em minha equipe e como estava prestes a sair em férias, resolvi deixar para o meu retorno o início da tratativa dessa questão. — justificou, Leonardo.

— Durante minhas férias fiz uma pequena viagem de cinco dias com minha mãe para casa de meus avós no interior e no retorno reservei os outros quinze dias para fazer algo diferente de tudo que eu já havia feito até então em termos de hobby. Resolvi pesquisar a criação de dioramas.

— Dioramas? O que é isso, Leonardo? — perguntou Tereza.

— Ah! Diorama é uma forma de arte na qual você constrói uma espécie de maquete, uma representação em miniatura do mundo real, mas que vai além, por requerer realismo dinâmico, movimento e essência emocional. O desafio é dar movimento e emoção a uma cena que será representada de forma estática. É muito comum ver dioramas com cenas de batalhas famosas, cenas da natureza, cenas urbanas prosaicas, cenas de filmes e por aí vai. — explicou, Leonardo.

— Quando comecei a montar meu primeiro diorama escolhi o ambiente aqui da empresa para representar, especificamente o movimento que percebia haver em meu setor. Com as pessoas todas interagindo, felizes com os resultados, felizes pelos colegas estarem felizes, sentindo-se realmente realizadas. Fiz os action figures, os bonequinhos, que seriam as bases para os personagens do diorama, o mobiliário, a área que temos para nosso café lá no oitavo andar, as estações de trabalho, montei tudo e depois que terminei fiz o exercício contemplativo. Sabe o que eu vi?

— É uma pergunta retórica, Leonardo, ou você espera que a gente faça um chute? — perguntou a senhorita Stella.

— Dê seu melhor chute...

— Sei lá, viu que como era seu primeiro diorama ele estava mal feito e você precisaria começar tudo de novo e praticar mais a técnica... — respondeu a senhorita Stella.

— E você, Tereza. O que acha que eu vi?

— Não tenho a menor ideia, Leonardo... sei lá... que faltava algo?

— Senhorita Stella, no caso da técnica, à época, eu ainda precisava apurá-la um pouco, mas a representação do espaço ficou, mesmo nesse meu primeiro diorama, bastante fiel ao nosso espaço do oitavo andar, com todos os detalhes de pintura, decoração, estações de trabalho, paisagismo, iluminação, pessoas, interações, acessos e tudo mais. E sim, Tereza, vi que faltava algo muito importante em meu diorama: vitalidade, vibração e energia. Será que eu não tinha conseguido cumprir o desafio mais difícil de um diorama? Pensei! Fiquei intrigado com aquilo, pois apesar de minha técnica ainda precisar ser aprimorada, ela já estava bastante fidedigna, visualmente falando. — explicou, Leonardo e continuou.

— Decidi então me desafiar com outra cena. Da natureza, desta vez. Peguei uma cena de um daqueles documentários sobre a vida selvagem e escolhi uma na qual dois leões disputam na savana a posição de macho alfa em seu bando. A luta que eles travavam era violenta. Cada animal tinha cerca de 2,5 metros de comprimento e mais de 180 kg. Seus rugidos faziam estremecer o cinegrafista que capturava o filme para o documentário e enquanto a luta era travada os demais indivíduos do bando, fêmeas e alguns filhotes de idades variadas, se amontoavam recuados num canto relativamente próximo na savana, aguardando o resultado da peleja. — explicou, Leonardo emocionado.

— Depois de alguns dias, quando terminei esse segundo diorama, fui fazer a contemplação. Sabe o que descobri? Que apesar de minha técnica na construção desse diorama não ter se aprimorado de forma significativa em relação ao primeiro que fiz, aquele aqui do escritório, a fidelidade da cena era tão boa quanto e mais. Notei que a vitalidade, a vibração e a energia que um diorama precisa ter, estavam lá. Eu olhava e contemplava a cena da luta entre aquelas duas feras de todos os ângulos, com todas as diferentes luzes e nuances e ela estava lá... emoção vibrante. — narra Leonardo, emocionado e continua.

— Eu descobri então que a cena que fiz do escritório, apesar de ser o meu primeiro diorama, estava tão fidedigna quanto o segundo que construí. Então o problema não estava em minha técnica de fazer dioramas com vitalidade, vibração e que transmitem energia na cena retratada. O problema estava mesmo era na realidade que retratei. O meu setor é que estava com baixa vitalidade, quase nenhuma vibração e energia muito baixa. — concluiu Leonardo em sua explanação inicial, quando foi interpelado pela Tereza.

— E depois, Leonardo? Quando você voltou de férias, o que você fez?

— No meu retorno das férias, com isto constatado na minha mente, fiquei muito preocupado em encontrar uma forma de reverter esse quadro e comecei a observar com mais cuidado o dia a dia das pessoas no escritório, o comportamento dos colegas lá no oitavo andar. Ficou nítido para mim, dia após dia, projeto após projeto, desafio após desafio, que cada um e todos eles, e eu me incluo nisso, estavam operando os processos da empresa de forma exemplar, fazendo o que se esperava que fosse feito pelo setor, mas sem aquela gana de criação e renovação que cada novo produto deve ter. Consequência disso? Todos pararam de colher a felicidade pelo trabalho que todos ali gostam de fazer, ou seja, pensar produtos que sejam mágicos para as pessoas que os utilizam. Passei a observar então uma espiral decrescente de sucesso em nossos produtos. E você mesma já constatou, Tereza, nosso melhor resultado nos novos produtos não passaram de 15% de incremento, quando em anos anteriores chegávamos fácil a 35% e em alguns chegamos a 40%. — explica, Leonardo, com tristeza.

— E quando foi exatamente que se deu a constatação sobre sua equipe, Leonardo? — perguntou a senhorita Stella.

— Há cerca de oito meses comecei a observação e venho constatando isso se mostrar de forma cada vez mais severa no meu setor.

— Certo, Leonardo. Interessante! E como essa sua iniciativa de hoje entra nisso tudo? — perguntou, Tereza, ainda sem entender as atitudes dele.

— Bem, depois que constatei a falta de felicidade em minha equipe comecei a fazer alguns pequenos movimentos para buscar de que forma eu poderia gerar o engajamento e a recuperação dessa felicidade de todos. Minha primeira tentativa foi convidar os colegas para uma caminhada na natureza, através de uma trilha pela floresta, com guia, contemplação, banho de cachoeira e traslado inclusos. Fiz isso à revelia da empresa. Foi uma espécie de ação entre colegas de trabalho. Dos 38 funcionários que tenho lá no meu setor, 30 aderiram, mas apenas 12 foram na caminhada. Foi uma experiência muito boa, divertida e para os que participaram, altamente engajadora. Injetou um ânimo importante, mas a baixa adesão já era uma pista de que esse não seria o caminho a seguir. Até porque os que não foram depois se sentiram deslocados das conversas que aqueles que foram passaram a trocar. Gerou a formação de um tipo de "grupinho do passeio" versus o "grupo dos que não foram ao passeio". Deu um trabalhão para minimizar isso depois. — e Leonardo continuou.

— Minha segunda tentativa foi fazer um evento de comemoração pelo fechamento do resultado do Alfa Guia com acréscimo de 15% nos resultados no quartil. Nessa iniciativa usei minha verba da Gerência de Setor para eventos institucionais que aprovei junto ao setor de pessoal da empresa. Consegui alguns brindes também com fornecedores, fizemos um churrasco, karaokê, corrida de kart. Foi muito bom! Passamos um dia maravilhoso. Ao todo foram 37 funcionários. Só a Leila, que estava em licença maternidade não pode ir. Como resultado notei que o clima de entrosamento da equipe apresentou uma melhora geral do humor nas três semanas seguintes ao evento, depois foi decaindo até voltar ao estágio que estava antes do evento. — narrava, Leonardo com cuidado.

Tereza e senhorita Stella estavam ansiosas para entender até onde Leonardo queria chegar com sua narrativa e que pudesse culminar com os eventos daquele dia. Apesar da ansiedade, estavam também realmente dispostas a entender todo o contexto. Uma coisa estava clara para elas, que o Leonardo estava buscando uma forma de reverter um cenário com sua equipe que apenas ele estava percebendo e que se revertido significaria uma virada nos resultados da empresa, mais uma vez.

— Minha terceira tentativa foi aquela que gerou confusão por causa da responsabilidade civil da empresa em relação a eventos oferecidos aos seus funcionários com objetivo de treinamento.

— Ah, foi aquela do desafio nas corredeiras, o rafting, e o passeio de balão. — lembrou senhorita Stella.

— Esse mesmo, senhorita Stella. Aqui houve adesão total da equipe. Inclusive a Leila que havia voltado da sua licença maternidade resolveu ir. Nesse evento percebi que todos os colegas conseguiram uma sinergia e uma integração muito grandes. Acho que perceber as interdependências no rafting e depois a cumplicidade no balonismo foram determinantes. Senti a equipe mais integrada e feliz durante cerca de cinco semanas, estava até começando a me animar com a estratégia. Mas, de novo, vi que as coisas ainda não se sustentaram, pois não atingiram o âmago que eu buscava da vitalidade, vibração e energia necessários ao meu setor. — compartilhou Leonardo com elas.

— Então, há cerca de dois meses eu estava no Mercado Municipal com minha mãe buscando algumas sementes para nosso jardim e horta lá de casa, quando passei em frente de uma dessas pet shops. Te confesso que nunca gostei de ter animais de estimação. Nem gato, nem cachorro. Minha mãe sempre gostou. Temos o Bóris, um cão da raça pug. No máximo tive um aquário uma vez, há muito tempo. Eu era adolescente ainda. Bem, o peixinho se suicidou. Coitado, pulou fora do aquário! Fiquei traumatizado na época. Minha mãe ofereceu que comprássemos outro e achei aquilo tudo muito deprimente. O bichinho se suicidar... credo! Depois vim a saber que os peixinhos de aquário daquela espécie tendem a fazer isso mesmo, por isso é preciso ter uma tampa no aquário. Mas, enfim. Não quis mais saber de ter um pet. Mas o que me chamou a atenção no pet shop foi um habitat todo colorido que era vendido em módulos para uso com hamsters. Entrei na loja, fiz algumas perguntas ao vendedor que me deixou encantado com as possibilidades. Juntando isso com as técnicas que desenvolvi para construir dioramas, me senti o próprio grego Arquimedes e gritei: heureca!

— E qual foi sua descoberta, Leonardo? — perguntaram quase juntas Tereza e senhorita Stella.

— Bom, para que eu pudesse estimular minha equipe eu precisava primeiro gerar uma situação de estranhamento, com algo totalmente inusitado, que atrapalhasse mesmo, mas que ao mesmo tempo que permitiria gerar engajamento de alguns, geraria o excesso de zelo de outros, pois enquanto alguns gostam de animais fofinhos, outros não gostam de animais, não importa o quão fofinhos eles sejam. Em segundo lugar, precisaria oferecer algo lúdico no habitat para que ao mesmo tempo que gere atração ou repulsa, dependendo do gosto de cada pessoa, não deixaria de ser imagético, ou seja, que estimule a imaginação. Por isso o Espaço Lúdico Interativo, pois com ele temos um cenário interessante, que lembra um diorama, representando o estilo do habitat de um hamster, mas muito colorido e divertido de observar com espaços que remetem ao nosso próprio estilo de vida humano. E por último, temos todas as questões relacionadas ao cuidado com o hamster. Um animalzinho agradável, pacífico e primordial e que é muito divertido. — explicou, Leonardo deixando a senhorita Stella e a Tereza estimuladas com sua narrativa.

↓

— Ei... ei... Leo... você não vai me apresentar para a Tereza? A senhorita Stella eu já conheci! — chamou Filomena, sussurrando.

— Claro, espere só um pouquinho, vai ser agora. Faça sua carinha mais linda e fofa, ok?

— Leo, olhe... você sabe que sou sempre lindinha, pois sou assim, simplesmente fofa e linda.

↑

— Então, Tereza foi assim que conheci a Filomena e todas as possibilidades que esse serzinho primordial pode nos ensinar com sua singeleza. — disse Leonardo enquanto carinhosamente colocava a mão no bolso direito do seu paletó e de lá retirava com todo cuidado a Filomena.

Com um movimento leve e suave Leonardo trouxe a pequena hamster para a palma de sua mão. Sua pelagem cor de café com leite, com seus pelinhos brilhantes que refletiam com a luz natural que entrava pela grande área envidraçada da sala no vigésimo andar. Lindos! Seu bigodinho proeminente se mexia procurando o suporte seguro das mãos do Leonardo. Seus olhinhos negros e seu narizinho rosado eram encantadores. Ela sentou-se na mão do Leonardo juntou as patinhas dianteiras e ficou ali, quietinha, olhando fixamente para a Tereza e para a senhorita Stella. A reação da senhorita Stella foi de ternura ao ver a graça da Filomena mais uma vez naquela pose de uma verdadeira vedete. A reação da Tereza foi...

— Leonardo, então essa é a Filomena! Não é à toa que todos queriam conhecer essa pequena menina. Ela é linda... tão meiga, tão dócil, tão fofa... posso segurar em minha mão? — pediu Tereza...

— Não recomendo, Tereza. Filomena está um pouco estressada hoje... eu só a trouxe aqui a seu pedido. Ela já estava na sala de ginástica quando você me chamou e a tirei de sua aeróbica matinal. Ela fica estressada quando interrompo o exercício dela. — falou Leonardo.

— Ela tem uma sala de ginástica? — perguntou surpresa, Tereza.

— Sim, e muito mais. O Espaço Lúdico e Interativo, na verdade a Estação de Trabalho da Filomena é uma casinha completa. — respondeu Leonardo empolgado.

— Mas ela é muito fofa...

— Não é?

— Adorei...

Senhorita Stella e Tereza ficaram apaixonadas pela pequena hamster Filomena. Leonardo sabia que ainda faltava muito para aquilo acabar. Pois ele ainda não tinha revelado a elas o seu plano todo. Ainda faltavam alguns detalhes. Os mais importantes, na verdade.

— Leonardo. Foi genial sua atitude de agitar as coisas em seu setor. Sempre achei que a área de criação de uma empresa deve ser mesmo ousada e fazer as coisas sem medo de ser feliz. — foi falando Tereza.

— É verdade, Tereza. Neste ponto concordamos, mas enquanto eu preparava o Espaço Lúdico e Interativo da Filomena as coisas fugiram um pouco ao controle, sabe? Queria me desculpar por isso! Estamos ao vivo na Internet e tem um monte de memes expondo o que fiz agora de manhã. Confesso que estou um pouco envergonhado! — foi falando Leonardo, tateando o que estava acontecendo ali e como exporia os próximos passos.

↓

— Psiu... Leonardo. Essa mulher é doida é? Quando você veio aqui de manhã falar sobre o que pretendia fazer ela só faltou te jogar porta afora! E agora está aí, toda solícita e te elogiando. Não entendi! — sussurrou Filomena na mente de Leonardo.

— Também estou tentando entender, Filomena. Vamos ver para que lado isso vai. — refletiu Leonardo.

↑

— Bem, meu caro Leonardo. Finalmente entendi o que você está querendo fazer. Hoje mais cedo quando você veio até mim, fiquei bastante chateada por você não ter falado comigo com antecedência sobre sua iniciativa e acabei não raciocinando direito sobre as possibilidades. Na verdade, precisamos agora pensar juntos quais devem ser os próximos passos. — disse a Diretora, surpreendendo Leonardo.

— Você entendeu, Tereza? Puxa, que bom! Que alívio! Pensei que eu estava encrencado! Fico muito feliz que você tenha mudado de opinião em relação ao que estou querendo fazer. — disse Leonardo.

— Claro, Leonardo. De fato, penso que temos uma excelente oportunidade aqui. E não vejo problema nenhum em rever minha ideia sobre sua iniciativa, afinal só os loucos têm ideia fixa, não é mesmo? Não há problema em mudar de posição sobre algo! — alfinetou, Tereza.

— Amei a Filomena! Adorei conhecê-la. Bom, ela é uma celebridade agora. Praticamente nossa mascote oficial. — disse Tereza empolgada enquanto levava a mão em direção à Filomena com a intenção de tocá-la, mas parou no meio de seu movimento apenas balançando as pontas de seus dedos, como que acariciando-a à distância.

↓

— Calma, Filomena. Está tudo bem! Não vou deixar ninguém tocar em você. — pensou Leonardo sussurrando em sua mente.

— Cuidado, hein! Não quero que essa maluca me toque. Sei lá se é contagioso! — sussurrou Filomena.

↑

— Ah, mas ela muito é LINDA!!! — gritou histérica Tereza. Muito mais linda do que eu pensei. Posso segurar ela, posso? Por favor! — disse Tereza, praticamente implorando.

— É melhor não, Tereza. A Filomena é muito sensível. Pode demorar para ela se acostumar com as pessoas que ela ainda não conhece muito bem. Ela pode ficar mais estressada, sabe? — ponderou Leonardo com toda a calma.

↓

— Por favor, Leonardo. Deixa voltar para seu bolso. Deixa... — sussurrou Filomena.

— Claro que sim. Vamos com calma! — disse Leonardo enquanto colocava Filomena carinhosamente no bolso direito de seu paletó.

↑

— Ah, já vai colocar ela no bolso? — disse Tereza, lamentando a ausência de Filomena.

— Sim! É melhor dessa forma. Antes que ela se estresse. — confirmou Leonardo.

— Certo, Leonardo, não queremos nossa linda Filomena estressada. — disse a Diretora.

↓

— Nossa? Que história é essa de nossa? Leonardo, por favor. Eu não sou de outra pessoa, muito menos dessa doida varrida. — sussurrou Filomena.

— É só força de expressão, Filomena. Claro que você não é da empresa, mas sim, minha e de minha mãe. — tranquilizou Leonardo.

↑

— Bom Leonardo. O que quero combinar com você é como vamos anunciar uma mudança tão importante em nosso ambiente corporativo com a inserção do elemento Filomena em nosso espaço para promover o desenvolvimento contínuo de nossa excelência buscando a inovação. — foi emendando Tereza.

— Quero também aproveitar a inspiração para criar vários ambientes disruptivos e vários espaços de descompressão com forte temática lúdica. Vamos tomar conta de tudo para que sua iniciativa seja potencializada, Leonardo. — disse a Diretora animada com tudo aquilo.

— Certo, Tereza. Mas posso antes compartilhar o restante de minha visão? — perguntou Leonardo.

— Por favor, Leonardo, então conclua! — disse Tereza.

— Obrigado! Bem, para gerar o despertar da felicidade em nossos colegas de meu setor, o primeiro passo que preciso dar é fazer com que todos sintam-se seguros de que as decisões tomadas ali, em nosso setor, não serão julgadas, mas sempre recebidas como a realização do melhor da equipe. — começou, Leonardo.

— Mas isso já não é assim, Leonardo? — interpelou senhorita Stella.

— Não, não é, senhorita Stella! Percebo que a equipe fica totalmente restrita aos nossos processos de criação, respeitando a sequência de trabalho como se fossem uma receita de bolo. Por mais que tenhamos um índice de retrabalho pequeno, não quer dizer que estamos no caminho certo ou no melhor caminho, pois engessamos a equipe. Eles não inovam, apenas seguem fórmulas prontas, com algumas pequenas variações. — explica Leonardo.

— Então está propondo que deixemos eles fazerem o que der na telha? É isso? — perguntou Tereza.

— Não, não é isso. O que estou propondo é que eles se sintam seguros em arriscar, sem medo de eventualmente colher um resultado que não seja o desejado. — esclarece Leonardo.

— E como o Espaço Lúdico e Interativo e a Filomena se encaixam nisso? — perguntou senhorita Stella.

— Já vou chegar lá. Deixe-me prosseguir com a linha de raciocínio... para que meu pessoal perceba que nosso setor goza de flexibilidade para buscar novas possibilidades criativas, a primeira ação é que minha iniciativa apresentada hoje seja tratada pela empresa como um evento totalmente normal, ou seja, por mais que o burburinho todo que se instalou tenha gerado esse frenesi geral na empresa e tudo mais que observamos com os memes, live e hashtags, isso tudo foi mais uma confirmação de que o movimento de transformação deve começar com a geração do desconforto inicial antes da transformação acontecer. À medida que todos percebam que a empresa, na figura de sua Diretora Geral, trata isso como um evento completamente normal, passará a mensagem de que movimentos disruptivos são normais e esperados. Isso dará a segurança inicial que precisamos que todos sintam. — explica Leonardo.

— Certo, Leonardo. Mas como vamos explicar para os demais setores da empresa e para os colegas de seu próprio setor que as não conformidades são toleráveis? Nós não podemos abrir exceções para cometer não conformidades como se fosse normal. — interpela Tereza de forma grave.

— Vejam! O controle de não conformidades serve tão e somente para gerar indicadores de cumprimento de processos. Se o nosso processo geral para determinadas conformidades como, por exemplo, uso do espaço de circulação, são feridos devido à necessidade de geração de estímulos para a criação disruptiva, então precisamos adaptar o processo. — orienta Leonardo e continua.

— Se precisamos garantir a manutenção das interdependências entre os diversos setores da empresa, mas um dos setores requer alguma adaptação, a velocidade na conformação dessas interdependências deve ser extremamente rápida e precisa partir da própria Diretoria, flexibilizando o que for necessário para que dê a segurança que todos precisam sentir. Ou seja, precisamos adotar procedimentos muito mais ágeis para revisão de processos, ou se quisermos ser realmente disruptivos, podemos eliminar alguns controles que estejam atuando como travas à liberdade que precisamos ter na atuação verdadeiramente criativa e inovadora. — conclui Leonardo.

— Mas, Leonardo. Você não teme que isso dê a sensação para todos que a empresa não se importa com o cumprimento de processos, dando margens para que cada um faça do seu jeito? — perguntou senhorita Stella.

— Pelo contrário. Uma coisa são nossos processos administrativos e de compliance[37] que precisamos seguir por força de nosso próprio negócio, outra é estabelecer que há liberdade para que sejamos criativos e fujamos todos dos processos engessados de criação. Precisamos passar duas mensagens muito claras para todo mundo, começando pelo meu setor: primeiro que não existe inovação por decreto, isso só se dará se as pessoas se sentirem seguras e felizes com o que fazem, e segundo, que os resultados desejados serão sempre acompanhados e buscados da forma que sempre foram, porém sem as amarras do processo de criação que temos hoje. Afinal, criação não é seguir receitas prontas, mas criar receitas à cada necessidade que surgir. — finaliza Leonardo.

— E como vamos fazer então? — perguntou Tereza, curiosa.

— Primeiro, preciso que as oito não conformidades que cometi hoje sejam devidamente pontuadas e submetidas imediatamente ao meu setor, diretamente para minha assessora, Lucy, para que possamos encaminhar nossas sugestões e recomendações dos ajustes necessários. Depois vamos efetivar rapidamente os ajustes necessários no espaço para que todos possam participar da inclusão de nossa vedete, Filomena, em nosso convívio diário. Isso vai gerar pelo menos dois tipos de públicos: o primeiro é o que simplesmente observa o Espaço Lúdico e Interativo e contempla com os mais diversos olhares o que está acontecendo por ali; o segundo público será o que realmente se envolverá, interagindo de fato, assumindo responsabilidades para com o Espaço e participando ativamente de sua evolução, constante adaptação e melhoria. — explica Leonardo.

— Conforme esses dois tipos de público comecem a se formar e interagir naturalmente, eles terão algo em comum, perceberão que o Espaço Lúdico e Interativo veio para ficar e que a Diretoria tratou a novidade como algo normal, pois fez as adaptações necessárias em nossos processos e normativas. Isso passará a mensagem a todas as pessoas de que elas podem se sentir seguras em se arriscar e a propor novas formas de fazer as coisas. — finaliza Leonardo.

— Entendi, Leonardo. Achei muito boa sua ideia. Vamos fazer da forma que você propôs. A senhorita Stella vai enviar formalmente as não conformidades observadas para que as tratativas necessárias sejam dadas pelo seu setor. O que penso fazer, como Diretora Geral, é uma visita ao seu setor, amanhã de manhã, para conhecer o Espaço Lúdico e Interativo e observar a Filomena e seu espaço. Afinal é algo novo, e devo ir conhecer, certo? — já vai finalizando Tereza.

— Sim, Tereza, certamente! Será um prazer receber você por lá. Vá a hora que puder. E sobre o Espaço Lúdico Interativo, ele é na verdade, a Estação de Trabalho da Filomena, pois ela passa agora, oficialmente a ser nossa colega de trabalho! — comemora Leonardo.

↑

— Ei, Leonardo... psiu...

— O que foi, Filomena?

— Já que eu serei sua colega de trabalho, além de sua mascote, vou poder ter um companheiro comigo? Afinal não quero hibernar antes do tempo.

— Sim, Filomena. Isso está nos meus planos. Pode ficar bem tranquila!

↓

EPÍLOGO

Tentei demonstrar aqui o mais relevante sobre a construção do que é a felicidade e como ela se deriva da segurança que é transmitida aos funcionários no ambiente de trabalho com relação às suas iniciativas. Concentrei-me em situações que incomodam a maioria dos profissionais com dificuldade em perceber sua própria identidade frente ao que vivem em seu dia a dia.

Sempre que houver indefinição do que realmente nos chama a gostar de nosso trabalho, nos dá efetivo prazer em realizar e nos completa como seres humanos produtivos é possível que ocorra uma sensação de impotência e insegurança. Não há nada de errado nisto.

Ao ler esta obra com cuidado você notará que entre uma situação e outra, as personagens que se relacionam estão em busca de suas próprias verdades. Isto se dá pela procura de cada um por perspectivas que lhe ajudarão a determinar sua efetiva vocação.

Ainda que, talvez, o profissional não tenha encontrado sua real vocação, pois isso pode demorar muito mais para algumas pessoas do que para outras, nada o impede de buscar a felicidade no que está fazendo naquele momento.

Outro ponto que trago é que não é inteligente se espelhar somente em seus heróis, heroínas ou ídolos para definir sua trajetória profissional. É preciso olhar dentro de você, procurando se conhecer melhor e discutir seus desejos profissionais com as pessoas que lhe tem carinho e por quem você tem igual carinho e admiração.

O que está em jogo nesta jornada de procura é sua felicidade incondicional. Não cometa o erro de confundir o seu sucesso com o sucesso das outras pessoas. O seu sucesso é íntimo, pessoal, intransferível e tem significado primeiramente para você e quanto mais isto for correto e fizer de você alguém muito feliz, mais as outras pessoas verão que você chegou lá.

Não tenha medo de ser feliz. Não há profissão errada ou certa, maior ou menor, melhor ou pior. O que há são profissões desempenhadas por pessoas que encontraram nela sua razão humana de existir e por isso são felizes, ou profissões desempenhadas por pessoas que ainda estão em busca de sua própria essência humana. A beleza de tudo isso é que você jamais terá a certeza em qual grupo está, até que se coloque à prova.

Um grande abraço e muito obrigado por dedicar a esta obra um pouco do seu tempo. Espero que tenha valido a pena, sido proveitoso e significativo. Procure sua felicidade e encontrará o seu sucesso! Seja feliz!

↑

— Psiu... Leonardo! Avisa ao pessoal que têm o pós-epílogo, tá bom?

— Tá bom. Já está avisado!

↓

Marcus Garcia de Almeida, Dezembro de 2020

#AchaQueSouIdiota?

PÓS-EPÍLOGO

No terraço do edifício da empresa, tem uma ampla área envidraçada que oferece uma vista privilegiada. Natureza e cidade se misturam e são banhadas pelo sol que a essa hora segue em direção ao ocaso perto das 16h30 daquela segunda-feira, 16 de dezembro de 2019.

Leonardo está contemplativo admirando esta visão maravilhosamente romântica. Ele se antecipou aos demais e está aguardando o início da reunião do Conselho, que acontecerá no salão principal ali da cobertura logo a seguir.

Os diretores, diretoras e os colegas da alta gerência vão chegando e passando lentamente. Estão num caminhar de pessoas tranquilas e resolvidas com suas vidas. Elas observam Leonardo que está olhando pela ampla área envidraçada, alguns metros à frente. Com a mão no bolso direito do seu paletó... contemplativo!

Não o interpelam... apenas o observam de soslaio[38]... em suas mentes universos de sentimentos.

Um burburinho discreto vai ganhando corpo dentro do salão, enquanto as pessoas vão tomando seus assentos aguardando o horário da reunião.

Ele foi convocado pela Presidente da empresa, Joanna, para falar na abertura da reunião do

Conselho e explanar sobre a mais nova iniciativa do setor de Marketing e Produtos, estrategicamente definida pela Diretora Geral, Tereza e integralmente apoiada pela Presidência.

O conselho deverá deliberar um conjunto de ações imediatas para implantação de estratégias aderentes ao contexto de aumento da felicidade dos funcionários em todos os setores.

Atento à paisagem alguém o chama...

↑

— Ei, Leonardo... psiu...

— O que foi?

— Você ouviu o que os gerentes e alguns diretores estão comentando?

— Sim, ouvi... por quê?

— Você acha que a movimentação de visitas ao seu setor vai ser muito grande nos próximos dias por causa disso?

— É provável que tenhamos visitas sim, mas não em uma grande quantidade.

— E você acha que eles farão outros espaços parecidos com o meu?

— O que provavelmente deve acontecer é alguns colegas gerentes e até diretores sendo cobrados por seus funcionários sobre o que vão fazer para transformar seus próprios setores, mas não penso que farão algo tão inusitado quanto eu fiz.

— E você acha isso bom?

— Sim, acho, pois antes eles não faziam nada, agora pelo menos tentarão fazer algo para modificar, transformar, agitar, enfim...

— E você pretende fazer o quê?

— Continuar incomodando...

↓

***

www.idearios.com.br

***

Também disponível em podcast.

@professormarcusgarcia

Design da capa: IDEÁRIO

Curitiba, PR

© 2020 por Profissionais.com

Sobre o autor:

Marcus Garcia de Almeida

Pedagogo, Especialista em Gestão do Conhecimentos, Especialista em Inteligência Emocional, Mestre em Ciência, Gestão e Tecnologia da Informação.

Palestrante e professor atua nos estudos de Gestão, Educação, Formação Docente, Comunicação, Sustentabilidade Estratégica, Governança Corporativa, Raciocínio Lógico, Processo Decisório, Aprendizagem de Crianças e Adultos, Tecnologia da Informação Aplicada e Estratégia.

Diretor da IDEÁRIO, selo editorial para Teoria do Conhecimento (epistemologia), Causalidade e Ser Humano.

Pesquisador em educação, gestão, comunicação e inovação.

Autor de centenas publicações entre livros, apostilas, artigos científicos, crônicas e ensaios.

Atua na docência universitária na graduação e pós-graduação em diversas instituições brasileiras.

Mentor.

@professormarcusgarcia

Sobre o livro:

Formato	13,97 x 21,59 cm
Mancha Gráfica	10 x 17 cm
Tipologias utilizadas	Futura Md BT (Capa)
	Yrsa 12 pt (Texto)
	Futura MdCn BT (Títulos)
	Calibri Light (Notas de Fim)
Papel	Creme 80g
Capa	Brilhante

NOTAS DE FIM

[1] ODIOSAS: Reprovável, condenável.

[2] CARREIRISTA: Caráter, qualidade ou modo de agir de quem, para vencer, para fazer carreira rápida, lança mão de quaisquer artifícios, não importa o quão reprováveis sejam do ponto de vista ético ou moral.

[3] FOLGADA: Pessoa que se esquiva do trabalho, das suas obrigações ou deveres.

[4] FOFOQUEIRO: Aquele que faz mexericos e gera intrigas com objetivos variados, geralmente para obter uma vantagem pessoal ou a favor de alguém.

[5] VISCERAL: Aquilo que se encontra arraigado; muito íntimo, intenso, forte ou profundo, p.e. "ela nutre sentimentos viscerais e contraditórios pelo pai."

[6] SUV: Veículo utilitário esportivo ou Veículo Desportivo (do inglês: "Sport Utility Vehicle") é um carro semelhante a uma camionete, normalmente equipado com tração nas quatro rodas para andar sobre todos os tipos de terreno, ou seja, tanto nas estradas como fora delas (on- e off-road). Caracteristicamente, são veículos com capacidade para andar fora de estrada e quase sempre de porte avantajado, frequentemente derivados de caminhonetes, apresentam uma configuração de design e interior em alusão aos veículos familiares conhecidos por "peruas" (no Brasil) ou SW (Station Wagons). Ou seja, a capota estende-se até o fim do veículo, e internamente dispõem de banco traseiro e porta-malas. São carros tamanho família e uma boa parte deles é equipado de uma terceira fileira de bancos, podendo totalizar até nove assentos para passageiros. As pessoas que optam por esse tipo de veículo têm o desejo de sentirem-se confortáveis e seguras, mas querem transmitir a mesma sensação a quem está com elas.

[7] LATENTE: Disfarçado, dissimulado.

8 JOGAR A TOALHA: Nos esportes de combate, quando o treinador que fica no córner do lutador joga a toalha no ringue significa que eles estão solicitando ao árbitro que interrompa a luta, para preservar o seu atleta de uma lesão maior, e dê a vitória ao adversário. Nesse caso, o treinador, que é o responsável pela vida de seu atleta, e vendo que este está fora de consciência para decidir se tem como permanecer ou não na luta, arremessa uma toalha para dentro do ringue (todo treinador de esportes de combate tem uma toalha na hora da luta), num gesto que simboliza a sua desistência no combate. Herdado do boxe e por simbolizar tão bem a desistência, "jogar a toalha" se tornou uma expressão muito comum no dia-a-dia.

9 DE SACO CHEIO: Encher o saco é uma expressão popular comum no Brasil. Refere-se a perturbar, incomodar ou chatear alguém. Da mesma forma, "estar de saco cheio" significa estar chateado, cansado, impaciente, incomodado com alguma situação. Essa expressão parece estar relacionada ao fato de os homens sentirem o saco escrotal (testículos) inchados e doloridos quando são constantemente excitados, mas não "aliviados", situação que os deixa irritados, por causa do incômodo que causa.

10 ESPÍRITO INVENTIVO: De imaginação viva. Mentalmente inquieto. Se diz das pessoas que não se contentam com as coisas como estão, pois sabem que sempre há uma forma melhor de fazer as coisas que precisam ser feitas, bastando para isso dedicação, disposição e foco.

11 QUEBRAR A ROTINA: Aprender coisa novas, experimentar novas possibilidades e descobrir caminhos novos.

12 EFICIENTE E EFICAZ: A diferença entre eficiência e eficácia. Eficiência diz respeito a um trabalho bem feito, ou seja, fazer da melhor forma e utilizando apenas os recursos necessários para isso. Eficácia significa fazer o que precisa ser feito. Então a eficácia refere-se a fazer a tarefa certa, completar atividades e alcançar metas. Já a eficiência é sobre fazer as coisas de forma otimizada, de maneira mais rápida ou com menos gastos. Por exemplo, um carro pode ser uma forma de transporte muito eficaz, capaz de mover as pessoas para lugares específicos. Porém, um carro pode não ser o modo mais eficiente de transportar pessoas por causa do grande gasto de combustível. Em termos gerais: Eficaz (adj.) - É algo adequado para atingir um propósito, de modo a alcançar o resultado pretendido ou esperado. Eficiente (adj.) - Quando a tarefa é executada da melhor maneira possível, com o menor desperdício de tempo, esforço e recursos.

[13] NATUREZA HUMANA: Faz referência ao conjunto de traços diferentes — incluindo maneiras de pensar, sentir ou agir – que os seres humanos tendem a ter, independente da influência cultural. As questões sobre quais são essas características, o quanto elas podem ser mudadas, e o que as desencadeiam estão entre as mais antigas e importantes da filosofia ocidental e têm impactos imensos na ética, política, teologia, arte e na literatura. Os múltiplos ramos das ciências humanas exercem um papel importante nesse debate.

[14] ESTAGNADO: Inativo, inerte, parado, paralisado.

[15] CICLO DA MELHORIA CONTÍNUA: Conhecido como PDCA (do inglês: Plan – Do – Check – Act ou Adjust) é um método interativo de gestão de quatro passos, utilizado para o controle e melhoria contínua de processos e produtos. É também conhecido como o círculo/ciclo/roda de Deming, ciclo de Shewhart, círculo/ciclo de controle, ou PDSA (Plan – Do – Study – Act). Outra versão do ciclo PDCA é o OPDCA, onde a letra agregada "O" significa observação ou como algumas versões dizem "Observe a situação atual". A observação da condição atual é utilizada na produção enxuta (Lean Manufacturing / Toyota Production System) do Sistema Toyota de Produção. É uma técnica baseada na repetição, aplicada sucessivamente aos processos para que sejam melhorados de forma continuada para garantir o alcance das metas necessárias à sobrevivência de uma organização. Pode ser utilizada em qualquer ramo de atividade, para alcançar um nível de gestão melhor a cada dia. Seu principal objetivo é tornar os processos da gestão de uma empresa mais ágeis, claros e objetivos.

[16] AJUSTE DE PROCESSOS: Refere-se ao PDCA.

[17] UTILITARISTA: Utilitarismo é uma corrente filosófica que foi criada no século XVIII pelos filósofos britânicos Jeremy Bentham (1748-1832) e John Stuart Mill (1806-1873). Esse modelo é caracterizado por ser um sistema filosófico moral e ético onde uma ação útil é denominada como a mais correta, e daí surge seu nome. Em Economia, o utilitarismo pode ser entendido como um princípio ético no qual o que determina se uma decisão ou ação é correta, é o benefício intrínseco exercido à coletividade, ou seja, quanto maior o benefício, tanto melhor a decisão ou ação será.

[18] EGÓLATRA: Diz-se da pessoa que é excessivamente egocêntrica; Pessoa que cultua o próprio eu, que pratica a egolatria (amor exagerado pelo próprio eu; culto de si mesmo).

[19] HOLÍSTICA: Visão analítica que considera vários aspectos de uma mesma situação e não apenas um dos elementos.

[20] CHUTAR O BALDE: Expressão popular na língua portuguesa, utilizada no sentido de "perder o controle", "desistir de tudo" ou "abrir mão de algo", como uma resposta a um sentimento de raiva ou ira. Normalmente, esta expressão também pode significar "perder a calma", "perder a paciência", "ficar nervoso" ou "ficar com raiva". Pode ser interpretada como uma condição insustentável, quando alguém chega a um limite de tolerância em relação a algo e "explode", manifestando toda a frustração, raiva, ira e outros sentimentos que estavam reprimidos.

[21] STARTUPERIA: Neologismo. Pessoa maravilhada com a cultura do Vale do Silício que sonha em fazer fortuna revolucionando o mundo. Muitas vezes com gadgets e ideias sem aplicação prática real.

[22] AGNÓSTICA: No universo corporativo diz-se das pessoas que não tomam partido de preferência emocional pelas questões inerentes ao trabalho e aos papéis e responsabilidades desempenhadas e dessa forma fazem total distinção entre questões pessoais e profissionais.

[23] INTEMPESTIVO: Que se apresenta, acontece ou chega numa ocasião não propícia; é inoportuno, súbito, imprevisto.

[24] OSTENTOSA: Que ostenta algo, que gasta, que exibe. Quer chamar a atenção para algo de forma muito incisiva e flagrante.

[25] PROTOCOLOS DA HIERAQUIA ORGANIZACIONAL: O protocolo da hierarquia organizacional não chega a ser uma regra escrita, mas respeita uma etiqueta geral de manter sempre o respeito à cadeia de comando: Presidência fala com o Conselho, Diretoria fala com Gerentes, Gerentes falam com Líderes e Líderes organizam as atividades com a Equipe Operacional.

[26] NÍVEL TÁTICO ESTRATÉGICO: No nível tático estratégico encontram-se as pessoas que atuam no papel de alta gerência e na diretoria.

[27] SALTO DE FÉ: Apesar dessa ser uma expressão de forte apelo filosófico criada pelo filósofo dinamarquês Kierkegaard lá no séc. XIX, de quem o personagem Leonardo aqui no livro é grande admirador, ele pensa no salto de fé muito mais como uma ação baseada na fé de que sempre haverá algo maior, ou seja, o potencial das pessoas em se superarem e assim conseguirem fazer a recriação, primeiramente, da sua própria forma de ser e de funcionar. Isso refletirá em tudo que elas fazem, inclusive no seu trabalho e na organização da qual participam.

[28] DANTESCA: Relativo a Dante Alighieri (1265-1321), poeta italiano, conhecido por escrever A Divina Comédia cujo caráter da obra de Dante remete ao horror grandioso: estilo dantesco. De um horror grandioso; pavoroso, diabólico, medonho: espetáculo dantesco.

[29] GOETHE: Foi um escritor e uma das mais importantes figuras da literatura alemã e do Romantismo europeu, nos finais do século XVIII e inícios do século XIX. Juntamente com Friedrich Schiller, foi um dos líderes do movimento literário alemão. Constam de sua produção: romances, peças de teatro, poemas, escritos autobiográficos, reflexões teóricas nas áreas de arte, literatura e ciências naturais.

[30] FORÇAR A BARRA: É uma gíria utilizada para expressar situações de insistência, quando a pessoa insiste demais e se torna chata e inconveniente.

[31] ALTER EGO: Um outro "eu", uma outra personalidade de uma mesma pessoa, p.e. Batman é o alter ego de Bruce Wayne. O termo foi cunhado por Marco Túlio Cícero em seu discurso filosófico no séc. I.

[32] RECURSOS E RISCOS: Para uma organização empresarial, tudo que for utilizado para que ela atinja seus resultados é denominado recurso e tudo que possa ameaçar esses resultados é chamado risco.

[33] FAGOCITAR: Termo derivado da Biologia refere-se ao processo de ingestão e destruição de partículas sólidas, como bactérias ou pedaços de tecido necrosado, por células ameboides chamadas de fagócitos. Tem como uma das funções a proteção do organismo contra infecções.

[34] TIRAR MÚSICA DE OUVIDO: Consequência de uma boa percepção musical permitindo reproduzir a sequência de notas em um instrumento musical ou com a própria voz, respeitando o tempo e a altura sonoras.

[35] CADAFALÇO: Palanque ou estrado montado em local aberto para, sobre ele, realizar atos públicos para a execução de condenados. Por extensão o mesmo que condenação à morte, execução.

[36] BENEFÍCIO DA DÚVIDA: É a condição da inexistência de uma certeza sobre a culpabilidade de alguém que está sob acusação de um crime ou qualquer outro ato moralmente ou eticamente reprovável, sendo absolvido pelo princípio de que é inocente.

[37] COMPLIANCE: No âmbito institucional e corporativo é o conjunto de normativas criadas a fim de definir as normas, regulamentos, políticas e diretrizes estabelecidas para o negócio e para as atividades de uma organização empresarial ou não. Visa prevenir, detectar e tratar desvios ou não conformidades que possam comprometer o bom funcionamento de uma organização. O termo compliance tem origem no verbo em inglês to comply, que significa agir de acordo com uma regra, uma instrução interna, um comando ou um pedido. O objetivo principal do compliance é promover uma cultura empresarial de cumprimento das normas aplicáveis ao negócio, sejam elas de natureza legal ou internas.

[38] SOSLAIO: Olhar de lado, contrário de secar, que é encarar. Viés, esguelha, obliquidade.